Himlen
II

De tolv portarna bestod av tolv pärlor,
och varje särskild port var en enda pärla.
Och stadens gata var av rent guld som genomskinligt glas.
(Uppenbarelseboken 21:21)

Himlen
II
Fylld av Guds Härlighet

Dr. Jaerock Lee

Himlen II av Dr. Jaerock Lee
Utgiven av Urim Books (Representant: Seongnam Vin)
73, Yeouidaebang-ro 22-gil, Dongjak-gu, Seoul, Korea
www.urimbooks.com

Eftertryck förbjudes. Ingen del av boken eller boken i sin helhet får reproduceras i någon form, genom lagring i elektroniska medier eller överföring på något sätt eller genom något annat tillvägagångssätt, elektroniskt, mekaniskt, kopiering, samt bandinspelning eller liknande, utan tidigare inhämtat tillstånd från utgivaren.

Om inget annat anges är alla bibelcitat hämtade från Den Heliga Skriften, Svenska Folkbibeln.

Copyright © 2017 av Dr. Jaerock Lee
ISBN: 979-11-263-0261-1 04230
ISBN: 979-11-263-0055-6 (set)
Översättning till engelska, Copyright © 2010 av Dr. Esther K. Chung.
Användes med tillstånd.

Tidigare utgiven på koreanska av Urim Books år 2002

Första utgåvan April 2017

Redigerad av Dr. Geumsun Vin
Design av Editorial Bureau på Urim Books
Tryckt av Prione Printing
För mer information, kontakta: urimbook@hotmail.com

Förord

Med en bön om att du skall bli Guds sanna barn och få del av sann kärlek i evig lycka och glädje i Nya Jerusalem, där Guds kärlek överflödar...

Jag ger Gud Fadern all tacksamhet och ära, som så tydligt har uppenbarat livet i himlen för mig, och välsignat oss med att publicera *Himlen I: Lika Klar och Vacker som Kristall*, och nu *Himlen II: Fylld av Guds Härlighet*.

Jag längtade efter att få veta mer om himlen i detalj och var mycket i bön och fasta. Efter sju år svarade Gud äntligen på mina böner och idag uppenbarar Han djupare hemligheter om den andliga världen.

I den första av de två delarna om *Himlen* introducerade jag kort de olika boplatserna i himlen och delade in dem i Paradiset, Första Kungadömet, Andra Kungadömet, Tredje Kungadömet och Nya Jerusalem. Den andra delen kommer i större grad fokusera på detaljerna i himlens absolut vackraste och härligaste plats, Nya Jerusalem.

Kärlekens Gud visade Nya Jerusalem för aposteln Johannes och lät honom att skriva ner det i Bibeln. Nu när Jesu ankomst är närmare än någonsin utgjuter Gud den Helige Ande över oändligt många människor och uppenbarar himlen med en detaljrikedom. Detta sker för att icketroende över hela världen skall börja tro på att livet efter detta består av himlen och helvetet, och för att de som bekänner sin tro på Kristus skall kunna leva segerrika liv med Honom och ge sig hän åt att sprida evangeliet över hela jorden.

Det är därför som aposteln Paulus, som var ledande i att sprida evangeliet till hedningarna, uppmanade sin andlige son Timoteus så här, *"Men var du sund och förnuftig i allt, bär ditt lidande, utför en evangelists gärning och fullgör din tjänst"* (2 Timoteusbrevet 4:5).

Gud uppenbarade himlen och helvetet på ett tydligt sätt för mig så att jag skulle fullborda detta uråldriga uppdrag till jordens ändar. Gud vill att alla människor skall ta emot frälsningen; Han vill inte att en enda själ skall hamna i helvetet. Gud vill ännu mer

Förord

att så många människor som möjligt skall kunna komma in i och för evigt bo i Nya Jerusalem.

På grund av detta borde ingen döma eller fördöma dessa Gudagivna budskap uppenbarade genom den Helige Andes inspiration.

I *Himlen II* kommer du att hitta en stor samling hemligheter om himlen, som till exempel Guds utseende, Han som har existerat sedan före tidernas begynnelse, Guds tron, och liknande. Jag tror att dessa detaljer och skildringar kommer att ge alla människor som ivrigt längtar efter himlen ett oerhört stort mått av lycka och glädje.

Staden Nya Jerusalem är fylld av Hans härlighet och konstruerad genom Guds omätbara kärlek och enastående kraft. I Nya Jerusalem ligger andevärldens högsta höjd där Gud formade sig själv till Treenigheten för att kunna genomföra den mänskliga kultiveringen, och där finns även själva tronen. Kan du föreställa dig hur magnifikt, underbart och strålande hela platsen är? Det är en sådan fantastisk och helig plats att ingen mänsklig vishet ens kan förstå det!

Därför behöver man inse att Nya Jerusalem inte ges som belöning till alla som tar emot frälsningen. Det ges endast till de Guds barn vars hjärtan har blivit rena och klara som kristall genom kultiveringen i den här världen.

Jag vill uttrycka ett speciellt tack till Geumsun Vin, direktör över redigeringsavdelningen och dess personal samt översättningsavdelningen för denna publicering.

Jag ber i Herrens namn att den som läser denna bok skall bli välsignad med att bli Guds sanna barn och dela sann kärlek i evig lycka och glädje i Nya Jerusalem som är fylld av Guds härlighet!

Jaerock Lee

Introduktion

Med förhoppning om att du blir välsignad i det att du får lära känna de tydligaste detaljerna om Nya Jerusalem, och får bo i evighet så nära Guds tron i himlen som möjligt...

Speciellt tack och ära till Gud som har välsignat oss med att publicera *Himlen I: Lika Klar och Vacker som Kristall* och nu dess uppföljare, *Himlen II: Fylld av Guds Härlighet*.

Denna bok består av nio kapitel som alla ger en klar beskrivning av den heligaste och vackraste boplatsen i himlen, Nya Jerusalem, dess storlek, prakt, och livet där.

Kapitel 1, "Nya Jerusalem: Fylld av Guds Härlighet" ger en översikt av Nya Jerusalem och förklarar hemligheter om Guds tron och andevärldens högsta höjd, där Gud formade sig själv till Treenigheten.

Kapitel 2, "Namnen på de tolv stammarna och tolv

apostlarna", förklarar hur staden Nya Jerusalem ser ut till det yttre. Den omges av höga, enorma murar, och namnen på Israels tolv stammar är ingraverade i stadens tolv portar på alla fyra sidorna. På stadens tolv grundstenar finns namnen på de tolv apostlarna, och motivet bakom samt betydelsen av varje inskription kommer att tydliggöras.

I kapitel 3, "Nya Jerusalems storlek", kommer du att upptäcka hur det ser ut i Nya Jerusalem och dess dimensioner. Detta kapitel förklarar varför Gud mäter storleken på Nya Jerusalem med en mätstång av guld och att för att kunna komma in och bo i denna stad måste man inneha alla relevanta andliga kvalifikationer, uppmätta med en mätstång av guld.

Kapitel 4, "Gjord av rent guld och juveler i alla färger", utforskar i detalj varje material med vilka staden Nya Jerusalem är byggd av. Hela staden är dekorerad med rent guld och andra dyrbara stenar, och kapitlet beskriver deras färgers skönhet, glans och ljus. Genom att vidare förklara orsaken till varför Gud har utsmyckat stadens murar med jaspis och hela Nya Jerusalem i rent guld som är lika klart som glas, förklarar kapitlet även betydelsen av andlig tro.

Introduktion

I kapitel 5, "Betydelsen av de tolv grundstenarna", kommer du att få lära dig mer om Nya Jerusalems murar, byggda på tolv grundstenar, och den andliga meningen med jaspis, safir, kalcedon; smaragd, sardonyx; karneol, krysolit, beryll, topas, krysopras, hyacint och ametist samt ädelstenarnas skönhet. När man lägger ihop den andliga betydelsen av var och en av dessa tolv juveler kommer man se Jesu Kristi och Guds hjärta. Kapitlet uppmuntrar dig att låta ditt hjärta mogna till att bli sådant hjärta som de tolv juvelerna symboliserar så att du kan få komma in och för evigt bo i staden Nya Jerusalem.

Kapitel 6, "De tolv pärleportarna och den gyllene vägen", förklarar orsakerna och den andliga orsaken till att Gud gjort tolv pärleportar, likväl som den andliga betydelsen av den gyllene vägen som klar som glas. Precis som en snäcka producerar en dyrbar pärla efter att den utstått stor smärta, uppmuntrar detta kapitel dig att löpa mot de tolv pärleportarna i Nya Jerusalem genom att hoppfull övervinna alla slags svårigheter och prövningar i tro.

Kapitel 7, "Den underbara synen", tar dig innanför Nya Jerusalems stadsmurar, staden som alltid lyser klart. Du kommer att få lära dig den andliga betydelsen i frasen, "Gud och Lammet är dess tempel", storleken och skönheten i det slott där Herren bor, och härligheten hos människorna som kommer in i Nya Jerusalem för att tillbringa evigheten med Herren.

Kapitel 8, "Jag såg den heliga staden, Nya Jerusalem", presenterar en individs hus, en av många som har levt trofasta och helgade liv på jorden, som kommer att ta emot stora belöningar i himlen. Du kommer att kunna se en glimt av de lyckliga dagarna som ligger framför oss i Nya Jerusalem genom att läsa om de himmelska husens olika storlekar, dess prakt, dess många olika slags faciliteter och överlag om livet i himlen.

Det nionde och sista kapitlet, "Den första banketten i Nya Jerusalem", tar med dig till den första banketten som skall hållas i Nya Jerusalem efter domen vid den stora vita tronen. Med introduktion av några förfäder i tron som bor nära Guds tron, avslutas *Himlen II* med en välsignelse till alla läsare om att låta hjärtat mogna till att bli sådant hjärta som är lika rent och klart som kristall så att han/hon skall kunna bo närmare Guds tron i Nya Jerusalem.

Ju mer man lär sig om himlen, desto förundransvärdare kommer det att bli. Det är i Nya Jerusalem, som kan beskrivas som himlens kärna, som man finner Guds tron. Om du känner till om allt det vackra och härligheten i Nya Jerusalem kommer du säkerligen och med uppriktigt hopp längta efter himlen och vara klarsynt i ditt liv i Kristus.

När Jesus är färdig med att iordningsställa boplatser i himlen för oss kommer Han att komma tillbaka och den dagen är väldigt nära. Därför hoppas jag att *Himlen II: Fylld av Guds Härlighet* även skall förbereda dig för det eviga livet.

Jag ber i Herren Jesu Kristi namn att du skall kunna bo nära Guds tron genom att helga dig själv med ett ivrigt hopp om ett liv i Nya Jerusalem och vara trogen i alla dina Gudagivna uppgifter.

Geumsun Vin,
Direktör Redaktionsavdelningen

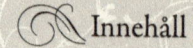
Innehåll

Förord

Introduktion

Kapitel 1 **Nya Jerusalem: Fylld av Guds Härlighet • 1**

    1. I Nya Jerusalem finns Guds tron
    2. Guds originaltron
    3. Lammets Brud
    4. Skinande som juveler och klar som kristall

Kapitel 2 **Namnen på de tolv stammarna och de tolv apostlarna • 15**

    1. Tolv änglar vaktar portarna
    2. Namnen på Israels tolv stammar inskrivna på de tolv portarna
    3. Namnen på de tolv lärjungarna inskrivna på de tolv grundstenarna

Kapitel 3 **Nya Jerusalems storlek • 35**

    1. Mätt med en mätstång av guld
    2. Nya Jerusalem är kubformat

Kapitel 4 **Gjord av rent guld och juveler i alla färger • 45**

    1. Utsmyckad med rent guld och alla slags juveler
    2. Nya Jerusalems murar gjorda av jaspis
    3. Gjord av rent guld likt klart glas

Kapitel 5 **Betydelsen av de tolv grundstenarna** • 57

1. Jaspis: Andlig tro
2. Safir: Rättsinnighet och integritet
3. Kalcedon: Oskuldsfullhet och uppoffrande kärlek
4. Smaragd: Rättfärdighet och renhet
5. Sardonyx: Andlig trofasthet
6. Karneol: Passionerad kärlek
7. Krysolit: Barmhärtighet
8. Beryll: Tålamod
9. Topas: Andlig godhet
10. Krysopras: Självbehärskning
11. Hyacint: Renhet och helighet
12. Ametist: Skönhet och mildhet

Kapitel 6 **De tolv pärleportarna och den gyllene vägen** • 105

1. De tolv pärleportarna
2. Gator gjorda av rent guld

Kapitel 7 **Den underbara synen** • 121

1. Inget behov av solsken eller månsken
2. Nya Jerusalems uppryckelse
3. För evigt med Herren vår brudgum
4. Nya Jerusalems invånares härlighet

Kapitel 8 **"Jag såg den heliga staden, Nya Jerusalem"** • 147

1. Himmelska hus i ofattbar storlek
2. Ett magnifikt slott med fullständig avskildhet
3. Sevärdheter i himlen

Kapitel 9 **Den första banketten i Nya Jerusalem** • 179

1. Den första banketten i Nya Jerusalem
2. Profeter med den högsta rangen i himlen
3. Underbara kvinnor i Guds ögon
4. Maria Magdalena befinner sig nära Guds tron

Kapitel 1

Nya Jerusalem:
Fylld av Guds Härlighet

1. I Nya Jerusalem finns Guds tron
2. Guds originaltron
3. Lammets Brud
4. Skinande som juveler och klar som kristall

*Och han förde mig i anden
upp på ett stort och högt berg
och visade mig den heliga staden Jerusalem,
som kom ner från himlen, från Gud,
och som ägde Guds härlighet.
Dess strålglans var som den dyrbaraste ädelsten,
som en kristallklar jaspis.*
- Uppenbarelseboken 21:10-11 -

Himlen är en sfär i den fyrdimensionella världen som styrs av kärlekens och rättens Gud själv. Trots att den inte är synlig för blotta ögat existerar himlen verkligen. Så mycket lycka, glädje, tacksamhet, och härlighet överflödar i himlen eftersom det är den bästa gåva som Gud har förberett för sina barn som har tagit emot frälsningen.

Det finns olika boplatser i himlen. Där finns Nya Jerusalem där Guds tron står, och Paradiset, där människor som med nöd och näppe blivit frälsta kommer att bo för evigt. Precis som det är en betydande skillnad mellan ett liv i en liten stuga och ett liv i kungens palats här på jorden, finns det en ännu större skillnad i härlighet mellan att komma in i Paradiset och att komma in i Nya Jerusalem.

Likväl finns det troende som antar att "himlen" och "Nya Jerusalem" är samma plats och en del av dem vet inte ens om att Nya Jerusalem finns. Hur sorgligt det är! Det är inte lätt att få del i himlen även om man känner till den. Hur skall då någon kunna avancera till Nya Jerusalem utan att ens känna till den?

Därför uppenbarade Gud Nya Jerusalem till aposteln Johannes och lät honom skriva ner det i detalj i Bibeln. Uppenbarelseboken 21 förklarar ingående om Nya Jerusalem och Johannes blev berörd bara genom att se utsidan av den.

Han förklarade i Uppenbarelseboken 21:10-11, *"Och han förde mig i anden upp på ett stort och högt berg och visade mig den heliga staden Jerusalem, som kom ner från himlen, från Gud, och som ägde Guds härlighet. Dess strålglans var som den dyrbaraste ädelsten, som en kristallklar jaspis."*

Varför är då Nya Jerusalem full av Guds härlighet?

1. I Nya Jerusalem finns Guds tron

I Nya Jerusalem finns Guds tron. Så full av Guds härlighet Nya Jerusalem måste vara eftersom Gud själv bor där!

Det är därför man ser att människor ger ära, tack, och lov till Gud dag och natt i Uppenbarelseboken 4:8: *"Vart och ett av de fyra väsendena hade sex vingar, och de hade fullt med ögon, runt om och på insidan av vingarna. Dag och natt säger de utan uppehåll: 'Helig, helig, helig är Herren Gud, den Allsmäktige, han som var och som är och som kommer.'"*

Nya Jerusalem kallas också "Den Heliga Staden" eftersom det har blivit skapat på nytt med ord från Gud, som är Sanningen, oklanderlig, och Ljuset själv och inget mörker finns i Honom.

Jerusalem är platsen där Jesus, som kom i köttet för att öppna vägen till frälsning för hela mänskligheten, predikade evangeliet och uppfyllde lagen genom kärlek. Därför har Gud byggt Nya Jerusalem som boplats för alla troende som uppfyller lagen genom kärlek.

Guds tron står i Nya Jerusalems centrum

Var i Nya Jerusalem finns Guds tron? Svaret uppenbaras för oss i Uppenbarelseboken 22:3-4:

Och ingen förbannelse skall finnas mer. Guds och Lammets tron skall stå i staden, och hans tjänare skall tjäna honom. De skall se hans ansikte, och hans namn skall stå skrivet på deras pannor.

Guds tron ligger i Nya Jerusalems centrum och endast dem som lyder Guds Ord som en lydig tjänare kan komma in dit och se Guds ansikte.

Det är för att Gud har sagt till oss i Hebreerbrevet 12:14, "*Sträva efter frid med alla och efter helgelse. Ty utan helgelse kommer ingen att se Herren*" och i Matteus 5:8, "*Saliga är de renhjärtade, de skall se Gud.*"

Därför behöver man inse att inte alla kommer att komma in i Nya Jerusalem där Guds tron står, på samma sätt som ingen kan komma in i rummet eller byggnaden där en president eller kung bor och se honom ansikte mot ansikte ens i den här världen.

Hur ser Guds tron ut? Somliga kanske tror att den bara ser ut som en stor stol, men så är inte fallet. På sätt och vis är Guds tron en stol där Gud sitter, men i vidare bemärkelse hänvisar det till den plats där Gud har sin boning.

Det innebär att "Guds tron" refererar till Guds boning, och runt Hans tron i Nya Jerusalems centrum finns regnbågar och de tjugofyra äldstes troner.

Regnbågar och de tjugofyra äldstes troner

Man kan uppleva skönheten, storheten och det magnifika med Guds tron i Uppenbarelseboken 4:3-6:

Och han som satt på den såg ut som en sten av jaspis och karneol, och en regnbåge som en smaragd omgav tronen. Runt omkring tronen stod tjugofyra troner, och på dessa troner satt tjugofyra äldste, klädda i vita kläder och med kronor av guld på huvudet. Och från tronen kom det ut blixtar, dån och åska, och framför tronen brann sju facklor, det är Guds sju andar. Framför tronen låg liksom ett hav av glas, klart som kristall. Mitt för tronen och runt om den stod fyra väsen, som hade fullt med ögon framtill och baktill.

Många änglar och himmelska härar tjänar Gud. Det finns också många andra andliga varelser som keruber och de fyra väsenden som beskyddar Honom.

Det ligger också ett hav av glas framför Guds tron. Synen av det är så underbart, med många slags ljus runt omkring Guds tron som reflekteras i glashavet.

På vilket sätt sitter de tjugofyra äldste runt omkring Guds tron? Tolv av dem sitter bakom Herren, och de andra tolv bakom den Helige Ande. Dessa tjugofyra äldste är helgade individer med rätt att vittna inför Gud.

Guds tron är så vacker, magnifik, och större än vad någon människa kan föreställa sig.

2. Guds originaltron

Apostlagärningarna 7:55-56 återberättar hur Stefanus ser Lammets tron till höger om Guds tron:

Men uppfylld av den helige Ande såg han [Stefanus]

upp mot himlen och fick se Guds härlighet och Jesus som stod på Guds högra sida. Och han sade: "Jag ser himlen öppen och Människosonen stå på Guds högra sida."

Stefanus blev martyr genom stening medan han frimodigt predikade Jesus Kristus. Just innan Stefanus dog öppnades hans andliga ögon och han kunde se Herren stå på höger sida om Guds tron. Herren kunde inte förbli sittande när Han visste att Stefanus snart skulle bli en martyr genom judarnas händer som inte hade lyssnat på hans budskap. Så Herren ställde sig upp från sin tron och brast i gråt medan Han såg Stefanus stenas till döds, och Stefanus såg denna scen med sina öppnade andliga ögon.

Stefanus såg Guds tron där Gud och Herren bor, och detta är inte samma tron som den som aposteln Johannes såg i Nya Jerusalem.

När kungen förr i tiden lämnade sitt palats för att resa runt i landet brukade hans personal bygga en plats som efterliknade palatset, där kungen tillfälligt kunde bo. På samma sätt är Guds tron i Nya Jerusalem inte tronen där Gud vanligtvis befinner sig utan en av de platser som Han stannar vid under korta perioder.

Gud existerade ensam som Ljuset

Gud existerade ensam, omslutande hela universum före tidernas begynnelse (1 Mosebok 3:14; Johannes 1:1; Uppenbarelseboken 22:13). Universum på den tiden var inte likadan som den vi ser med våra ögon nu, utan den var en enda sfär innan den uppdelades i den andliga och fysiska världen. Gud existerade som Ljuset och sken över hela universum.

Han var inte bara en ljusstråle utan var som skinande underbara ljus som liknar ett vattenflöde med regnbågsfärger. Du kanske förstår det bättre om du tänker på norrskenen runt Nordpolen. Ett norrsken är en grupp olika ljusfärger som sprids ut som en gardin, och det sägs att synen av det är så vacker att det är oförglömligt.

Hur mycket underbarare skulle inte ljusen från Gud – som är Ljuset själv – vara, och hur kan man med ord uttrycka den prakt från så många vackra ljus sammanblandade?

Det är därför det står i 1 Johannes 1:5, *"Detta är det budskap som vi har hört från honom och som vi förkunnar för er, att Gud är ljus och att inget mörker finns i honom."* Orsaken till att det står att "Gud är ljus" är inte för att enbart beskriva en andlig mening om att Gud inte har något mörker i sig alls, utan också för att beskriva Guds yttre som har existerat som ljus före begynnelsen.

Denne Gud, som före tidernas begynnelse har existerat ensam som universums ljus, var fylld med röst. Gud existerade som Ljuset fylld med röst, och rösten är "Ordet" som Johannes 1:1 syftar på: *"I begynnelsen var Ordet, och Ordet var hos Gud, och Ordet var Gud."*

På platsen där Gud existerade som Ljuset med en klingande rösten finns det avskilda platser för Fadern, Sonen och den Helige Ande där de kan vara och vila för sig själva. I området där Guds originaltron från före begynnelsen står finns det också utrymme för vila, rum för samtal och stigar att promenera på.

Endast väldigt speciella änglar och de som har hjärtan som efterliknar Guds eget hjärta har tillåtelse att komma till denna plats. Denna plats är avlägsen, hemlighetsfull och skyddad.

Dessutom är denna plats med Gud Treenighetens tron lokaliserad i den sfär där Gud existerade ensam i begynnelsen, och det är i den fjärde himlen, avskild från Nya Jerusalem i den tredje himlen.

3. Lammets Brud

Gud vill att alla människor skall efterlikna Hans hjärta och komma in i Nya Jerusalem. Men för dem som inte har uppnått denna nivå av helgelse genom kultiveringen visar Han ändå sin barmhärtighet. Han indelade himmelriket i många olika boplatser från Paradiset till det Första, Andra, och Tredje Kungadömet i himlen och belönar sina barn efter vad de har gjort.

Gud ger Nya Jerusalem till sina sanna barn som är helt och hållet helgade och har varit betrodda i hela Hans hus. Han har byggt Nya Jerusalem i åminnelse av Jerusalem, evangeliets grund, och som skall rymma allt för att de fullbordade lagen genom kärlek.

Vi kan läsa i Uppenbarelseboken 21:2 att Gud har förberett Nya Jerusalem så vackert att staden påminner Johannes om en brud som är smyckad för sin brudgum:

> *Och jag såg den heliga staden, det nya Jerusalem,*
> *komma ner från himlen, från Gud, redo som en brud,*
> *som är smyckad för sin brudgum.*

Nya Jerusalem är som en brud, vackert utsmyckad

Gud förbereder fantastiska boplatser i himlen för de brudar

som gör sig vackra för att ta emot den andliga brudgummen Herren Jesus genom att omskära sina hjärtan. Den vackraste platsen av alla dessa eviga boplatser är staden Nya Jerusalem.

Det är därför som Uppenbarelseboken 21:9 säger följande om staden Nya Jerusalem, vilken är så vackert utsmyckad för Herrens brudar, *"bruden, Lammets hustru."*

Hur hänförande kommer inte Nya Jerusalem vara eftersom det är den bästa gåvan för Herrens brudar som kärlekens Gud själv har iordningsställt? Människor kommer att bli så berörda när de kommer till sina hus, byggda med Guds omsorg och kärlek, med vackra detaljer gjorda med omtanke. Det beror på att Gud gör varje hus så att de passar perfekt till ägarens tycke och smak.

En brud betjänar sin make och ger honom en plats där han kan vila ut. På samma sätt betjänar och omfamnar husen i Nya Jerusalem Herrens brudar. Platsen är så behaglig och trygg att människor fylls med lycka och glädje.

Oavsett hur väl en fru betjänar sin make i den här världen kan hon inte skänka perfekt frid och glädje. Men husen i Nya Jerusalem kan ge frid och glädje som människor på den här jorden inte kan uppleva eftersom dessa hus är så perfekt gjorda för att tillfredsställa ägarens smak. Husen är vackert byggda och magnifika efter ägarens smak eftersom de är till för människorna vars hjärtan efterliknar Guds. Hur förundransvärda och strålande de kommer att vara eftersom Herren är byggnadsmästaren!

Om du verkligen tror på himlen kommer du att bli lycklig bara genom att tänka på att så många änglar bygger de himmelska husen med guld och juveler och följer Guds lag som belönar var och en efter vad var och en har gjort.

Kan du föreställa dig hur lyckligare och glädjefullare livet i Nya Jerusalem kommer att vara, där husen betjänar och omfamnar dig som en fru?

Himmelska hus är inredda efter personens gärningar

De himmelska husen började byggas då vår Herre uppstod och uppsteg till himlen, och de byggs fortfarande beroende på våra gärningar. Byggandet av de hus som tillhör de som lever på jorden måste få sitt slut och fullbordas; grunden läggs, pelare reses för en del hus; och arbetet på andra hus är nästan färdigt.

När alla de himmelska husen för de troende är färdigställda kommer Jesus att återvända till jorden, men denna gång i skyn. Det säger Jesus oss i Johannes 14:2-3:

I min Faders hus finns många rum. Om det inte vore så, skulle jag då ha sagt er att jag går bort för att bereda plats åt er? Och om jag än går och bereder plats åt er, skall jag komma tillbaka och ta er till mig, för att ni skall vara där jag är.

De eviga boplatserna för de frälsta människorna bestäms vid domen vid den vita tronen.

När ägaren går in i sitt hus efter att boplatserna och belöningarna har bestämts för var och en beroende på deras mått av tro, kommer huset skina fullständigt. Det är för att ägaren och huset utgör en perfekt enhet när ägaren går in i sitt hus precis som en make och hans fru blir ett kött.

Hur full av Guds härlighet kommer inte Nya Jerusalem att

vara eftersom den innehar Guds tron, och många hus som byggs för Guds sanna barn som kan dela sann kärlek med Honom för evigt!

4. Skinande som juveler och klar som kristall

Ledd av den Helige Ande blev Johannes överväldigad när han såg den Heliga Staden Nya Jerusalem och kunde endast utbrista:

> *Och han förde mig i anden upp på ett stort och högt berg och visade mig den heliga staden Jerusalem, som kom ner från himlen, från Gud, och som ägde Guds härlighet. Dess strålglans var som den dyrbaraste ädelsten, som en kristallklar jaspis* (Uppenbarelseboken 21:10-11).

Johannes gav äran till Gud i det att han såg det magnifika Nya Jerusalem komma ner från det höga berget, när han leddes av den Helige Ande.

Nya Jerusalem, skiner med Guds härlighet

Vad innebär det att Nya Jerusalems utstrålning skiner med Guds härlighet *"som den dyrbaraste ädelsten, som en kristallklar jaspis"*? Det finns många olika slags juveler och de har olika namn beroende på deras beståndsdelar och färger. För att vara en ädelsten måste varje sten ge ut en mycket vacker färg. Därför innebär uttrycket "som den dyrbaraste ädelsten" att detta är skönhetens perfektion. Aposteln Johannes jämförde Nya Jerusalems vackra ljus med dyrbara ädelstenar som människor anser vara värdefulla och vackra.

Nya Jerusalem har dessutom enorma och gigantiska hus, och är inredda av himmelska juveler som skiner med häpnadsväckande ljus och man kan se de vackra ljusen glittra till och med på avstånd. Praktfulla blåaktiga, vita ljus i många färgskalor verkar omge Nya Jerusalem. Så imponerande och behagligt en sådan syn måste vara!

Uppenbarelseboken 21:18 berättar för oss att Nya Jerusalems mur är gjord av jaspis. Till skillnad från den ogenomskinliga jaspisen här på jorden, har jaspisen i himlen en blåaktig ton och är så vacker och klar att när man ser på den känns det som om man tittar på genomskinligt vatten. Det är nästintill omöjligt att beskriva färgens skönhet med något i denna värld. Kanske det kan jämföras med ett skinande, blått ljus som reflekteras på klara vågor. Man kan endast beskriva dess färg med orden klar, blåaktig och vit. Jaspis representerar Guds elegans och klarhet och Guds "rättfärdighet" som är fläckfri, klar och ärlig.

Det finns många olika slags kristaller och med himmelska termer hänvisar det till en färglös, genomskinlig, och hård sten som är lika ren och klar som rent vatten. Ren och klar kristall har vidbrett använts för dekorering förr i tiden eftersom den inte bara är klar och genomskinlig utan också reflekterar ljus på ett vackert sätt.

Trots att kristall inte är väldigt dyrt reflekteras ljus på ett bedårande sätt och får det att se ut som regnbågar. Gud har dessutom med sin kraft placerat en skinande härlighet på de himmelska kristallerna så att det inte ens kan jämföras med något på den här jorden. Aposteln Johannes försöker förklara Nya Jerusalems skönhet, klarhet och prakt med kristall.

Den Heliga Staden Nya Jerusalem är fylld med Guds häpnadsväckande härlighet. Hur magnifikt, vackert och skinande måste inte Nya Jerusalem vara eftersom det rymmer Guds tron och den högsta höjden där Gud formade sig själv till Treenigheten?

Kapitel 2

Namnen på de tolv stammarna och de tolv apostlarna

1. Tolv änglar vaktar portarna
2. Namnen på Israels tolv stammar inskrivna på de tolv portarna
3. Namnen på de tolv lärjungarna inskrivna på de tolv grundstenarna

Staden hade en stor och hög mur med tolv portar och över portarna tolv änglar och namn inskrivna: namnen på Israels barns tolv stammar. I öster fanns tre portar, i norr tre portar, i söder tre portar och i väster tre portar. Stadsmuren hade tolv grundstenar, och på dem stod tolv namn, namnen på Lammets tolv apostlar.

- Uppenbarelseboken 21:12-14 -

Nya Jerusalem omges av murar som skiner med strålande och glittrande ljus. Varenda en skulle tappa hakan vid åsynen av storleken, det magnifika, skönheten och härligheten i dessa murar. Staden är kubformad och har tre portar på varje sida: i öster, väster, norr och söder. Den har totalt tolv portar och är ofattbart höga. En förnäm och majestätisk ängel vaktar varje port och namnen på de tolv stammarna är inskrivna på dessa portar.

Runt Nya Jerusalems murar finns tolv grundstenar på vilka tolv pelare står och namnen på de tolv lärjungarna finns inskrivna. Allt i Nya Jerusalem är gjort med nummer 12, ljusets tal, som utgångspunkt. Detta är för att hjälpa alla att lätt förstå att Nya Jerusalem är platsen för dessa ljusets barn vars hjärtan efterliknar Guds hjärta som är Ljuset själv.

Låt oss ta en titt på orsaken till att tolv änglar vaktar de tolv portarna i Nya Jerusalem och namnen på de tolv stammarna och tolv lärjungarna som finns nerskrivna över hela staden.

1. Tolv änglar vaktar portarna

Förr i tiden vaktade många soldater eller vakter slottens portar i vilka kungligheter eller andra höga ämbetsmän bodde och levde. Detta var nödvändigt för att beskydda byggnaderna från fiender och inkräktare. Trots att ingen kan komma in i eller invadera Nya Jerusalem vaktar de tolv änglarna portarna eftersom staden rymmer Guds tron. Vad är då orsaken till detta?

För att ge uttryck för rikedom, auktoritet och härlighet

Staden Nya Jerusalem är ofantlig och gigantisk långt bortom vår fantasi. Kinas stora förbjudna stad i vilken kejsare bodde har ungefär samma storlek som varje individs hus i Nya Jerusalem har. Inte ens den stora kinesiska murens storlek, en av världens antika sju underverk, kan inte jämföras med Nya Jerusalems murar.

Den första orsaken till att finns det tolv änglar som vaktar portarna är för att det symboliserar rikedomen, hedern, auktoriteten och härligheten. Även idag har människor med makt och rikedom sina privata väktare i och runt sina hus, och detta visar på deras rikedom och auktoritet.

Det är därför uppenbart att änglar i högre positioner vaktar staden Nya Jerusalems portar som rymmer Guds tron. Man kan känna Guds auktoritet och Nya Jerusalems invånares bara genom en glimt av de tolv änglarna vars närvaro även bidrar till Nya Jerusalems skönhet och härlighet.

För att beskydda Guds erkända barn

Vad är då den andra orsaken till att tolv änglar vaktar Nya Jerusalems portar? Hebreerbrevet 1:14 frågar, *"Är inte änglarna andar i helig tjänst, utsända för att tjäna dem som skall ärva frälsningen?"* Gud beskyddar sina barn som lever här på jorden med sina vakande ögon och genom änglarna utsända från Honom. De som därför lever efter Guds ord kommer inte att bli anklagad av Satan utan bli beskyddad från prövningar, problem, naturliga och orsakade katastrofer, sjukdomar och olyckor.

Det finns också ett oräkneligt antal änglar i himlen som har olika uppdrag på Guds befallning. Bland dem finns det änglar som vakar, nertecknar, och rapporterar varje persons gärningar till Gud oavsett om personen är en troende eller inte. På domens dag kommer Gud påminna sig om vartenda ord som uttalats av varje individ, och belöna var och en efter vad man har gjort.

Alla änglar är på det här sättet andar som Gud har kontroll över, och det är uppenbart att de beskyddar och ser efter Guds barn även i himlen. Givetvis kommer det inte finnas några olyckor eller faror i himlen eftersom det inte finns något mörker som tillhör fienden djävulen, men det är deras naturliga uppgift att betjäna sina mästare. Denna uppgift är inte påtvingad någon utan utförs på frivillig basis för att upprätthålla ordning och harmoni i andevärlden; det är en naturlig uppgift given till änglar.

För att upprätthålla en fridfull ordning i Nya Jerusalem

Vad är då den tredje orsaken till att tolv änglar vaktar Nya Jerusalems portar?

Himlen är en perfekt andlig sfär utan någon fläck eller skrynka och den drivs i fullkomlig ordning. Det finns inget hat, bråk, eller befallningar utan allt styrs och upprätthålls genom Guds ordningar. Belöningarna och auktoriteten blir etablerad efter Guds rättvisa, som belönar varje persons gärningar, och allt styrs efter den ordningen.

En familj som är splittrad kan inte bestå. På samma sätt kan inte ens Satans värld bestå om han kommer i strid med sig själv vilket innebär att man även där arbetar i enlighet med en speciell ordning (Markus 3:22-26). Hur mycket mer, och på ett rättvist sätt, är då inte Guds rike etablerat och ordningsfullt?

För att nämna ett exempel, banketterna i Nya Jerusalem fortgår efter en speciell ordning. De frälsta själarna i det Tredje, Andra och Första Kungadömet och Paradiset kan endast komma in i Nya Jerusalem genom inbjudan, efter den andliga ordningen. Där kommer de att behaga Gud och dela glädjen tillsammans med Nya Jerusalems invånare.

Om de frälsta själarna i Paradiset, det Första, Andra och Tredje Kungadömet fritt kunde komma in i Nya Jerusalem närhelst de vill, vad skulle då hända? Precis som något värdefullt och dyrbart försvagas över tid och genom användning på grund av att man inte sköter om det, skulle skönheten i Nya Jerusalem förminskas om ordningen i Nya Jerusalem skulle brytas.

För att därför upprätthålla en fridfull ordning i Nya Jerusalem finns det ett behov för de tolv portarna och änglarna som vaktar varje port. Givetvis kan inte de troende i det Tredje Kungadömet och lägre komma in i Nya Jerusalem fritt ens om det inte fanns någon ängel som vaktade porten på grund av skillnaden i härlighet. Änglarna ser till att ordningen upprätthålls på ett ordentligt sätt.

2. Namnen på Israels tolv stammar inskrivna på de tolv portarna

Vilken är då orsaken till att namnen på Israels tolv stammar är inskrivna på Nya Jerusalems portar? I den här världen placerar man ofta ut hörnstenar med inskriptioner eller bygger monument i närheten av projektet för att hedra minnet av fullbordandet och/ eller visa viktig information. På liknande sätt är det med namnen på Israels tolv stammar som symboliserar faktumet att de tolv portarna i Nya Jerusalem började med Israels tolv stammar.

Bakgrunden till de tolv portarna

Adam och Eva, som blev utdrivna ur Edens lustgård på grund av deras synd av olydnad för omkring 6 000 år sedan, födde många barn medan de bodde på den här jorden. När världen var full med synder blev alla, förutom Noa och hans familj, en rättfärdig man bland alla människor på den tiden, straffade och gick under av vattnet.

För omkring 4 000 år sedan föddes vidare Abraham och när tiden var inne gjorde Gud honom till trons förfader och välsignade honom i överflöd. Gud lovade Abraham i 1 Mosebok 22:17-18:

"skall jag rikligen välsigna dig och göra dina efterkommande talrika som stjärnorna på himlen och som sanden på havets strand, och din avkomma skall inta sina fienders portar. I din avkomma skall alla jordens folk bli välsignade, därför att du lyssnade till min röst."

Den trofaste Guden fastställde Jakob, Abrahams sonson, som grundaren till Israel, och lade grunden till en nation genom hans tolv söner. För omkring 2 000 år sedan sände Gud Jesus som en efterkommande till Juda stam och öppnade vägen till frälsning för hela mänskligheten.

På det här sättet formade Gud Israels folk med tolv stammar

för att uppfylla välsignelsen som Han hade gett till Abraham. För att vidare symbolisera och fastslå detta faktum gjorde Gud tolv portar i Nya Jerusalem och skrev in namnen på Israels tolv stammar.

Låt oss ta en närmare titt på Jakob, Israels förfader, och de tolv stammarna.

Jakob, Israels förfader, och hans tolv söner

Abrahams sonson och Isaks son Jakob tog förstfödslorätten från sin äldre bror Esau på ett listigt sätt och var tvungen att fly från sin broder till sin morbror Laban. Under hans 20 år långa vistelse hos Laban förädlade Gud Jakob tills han blev förfader till Israel.

1 Mosebok 29:21 och vidare förklaras det i detalj om Jakobs giftermål och födseln av hans tolv söner. Jakob älskade Rakel och lovade att tjäna Laban i sju år så att han skulle kunna gifta sig med henne, man han blev bedragen av sin morbror och fann sig gift med Lea, hennes syster, istället. Han var tvungen att lova Laban att tjäna honom i ytterligare sju år för att få gifta sig med henne. Till slut fick Jakob gifta sig med Rakel och han älskade henne mer än vad han älskade Lea.

Gud hade barmhärtighet över Lea som inte var älskad av sin make, och öppnade hennes moderliv. Lea födde sönerna Ruben, Simeon, Levi, och Juda. Rakel var älskad av Jakob, men kunde under en tid inte föda söner. Hon blev avundsjuk på sin syster Lea och gav sin tjänstekvinna Bilha till sin make som hustru. Bilha födde sönerna Dan och Naftali. När Lea inte längre födde barn gav hon sin tjänstekvinna Silpa till Jakob som hustru och hon födde sönerna Gad och Aser.

Senare gav Rakel en natt med Jakob till Lea i utbyte mot hennes förste son Rubens kärleksäpplen. Lea födde sönerna Isaskar och Sebulon och dottern Dina. Sedan kom Gud ihåg Rakel som var ofruktsam och öppnade hennes livmoder, och då födde hon Josef. Efter att Josef hade fötts fick Jakob en befallning från Gud att gå över Jabboks vadställe och återvända till sin hemstad med sina två fruar, två tjänstekvinnor och elva söner.

Jakob gick igenom prövningar i sin morbror Labans hus under två årtionden. Efter att han ödmjukade sig själv och bad tills hans höft gick ur led vid Jabboks vadställe, på väg till hans hemstad. Där tog han emot namnet "Israel" (1 Mosebok 32:28). Israel återförenades också med sin bror Esau och bodde i Kanaans land. Han fick välsignelsen av att bli Israels förfader och fick sin sista son, Benjamin, genom Rakel.

Israels tolv stammar, Guds utvalda folk

Josef som var mest älskad av sin far bland Israels tolv söner, blev såld till Egypten vid 17 års ålder av sina bröder som var uppfyllda av svartsjuka. Med Guds försyn kunde dock Josef vid 30 års ålder bli premiärminister i Egypten. Gud visste att det skulle bli en allvarlig hungersnöd i Kanaans land och sände Josef i förväg till Egypten, sedan lät Han hela Josefs familj flytta dit så att de skulle kunna utökas till ett stort antal, tillräckligt för att forma en nation.

I 1 Mosebok 49:3-28 välsignar Israel sina tolv söner just innan han tar sitt sista andetag, och Israels tolv stammar är:

"Ruben, min förstfödde är du,
min kraft och min styrkas förstling (v. 3)...
Simeon och Levi är bröder.
Våldet är deras vapen (v. 5)...
Juda, dig skall dina bröder prisa (v. 8)...
Sebulon skall bo vid havets strand (v. 13)...
Isaskar är en stark åsna,
som ligger i ro i sitt hägn (v. 14)...
Dan skall skaffa rätt åt sitt folk
som en av Israels stammar (v. 16)...
Gad skall trängas av skaror,
men själv skall han tränga dem in på hälarna (v. 19)...
Från Aser kommer utsökta rätter (v. 20)...
Naftali är en snabb hind,
som talar vackra ord (v. 21)...
Ett ungt fruktträd är Josef,
ett ungt fruktträd vid källan (v. 22)...
Benjamin är en glupsk varg (v. 27)..."*

Alla dessa är Israels tolv stammar, och det är var deras far sa till dem när han välsignade dem, han gav välsignelser som passade var och en. Välsignelserna skilde sig åt eftersom varje son (stam) skiljer sig i karaktärsdrag, personlighet, handlingar och natur.

Genom Mose gav Gud Lagen till Israels tolv stammar som kom ut ur Egypten, och började leda dem till Kanaans land, det land som flödar av mjölk och honung. I 5 Mosebok 33:5-25 kan vi se Mose välsigna Israels folk innan han dör.

"Må Ruben leva och ej dö.

Dock blir hans män en liten skara (v. 6)...
Hör, o HERRE, Judas röst,
låt honom komma till sitt folk (v. 7) ...
Om Levi sade han:
"Dina tummim och dina urim
tillhör din fromme" (v. 8) ...
Om Benjamin sade han:
"HERRENS älskade skall bo
i trygghet hos honom" (v. 12) ...
Om Josef sade han:
"Välsignat av HERREN vare hans land,
med himlens ädlaste gåvor, med dagg,
med gåvor från djupet som ligger där nere" (v. 13) ...
Sådana är Efraims tiotusenden,
sådana Manasses tusenden (v. 17) ...
Om Sebulon sade han:
"Gläd dig, Sebulon, när du drar ut,
och du Isaskar, i dina tält." (v. 18) ...
Om Gad sade han:
"Lovad vare han
som gav rymligt land åt Gad!" (v. 20) ...
Om Dan sade han:
"Dan är ett ungt lejon,
som rusar ner från Basan." (v. 22) ...
Om Naftali sade han:
"Naftali har fått riklig nåd
och full välsignelse av HERREN. (v. 23) ...
Om Aser sade han:
"Välsignad bland söner är Aser.

Må han bli älskad av sina bröder, (v. 24) ..."

Bland Israels tolv söner blev Levi stam exkluderad från de tolv stammarna för att bli präster och tillhöra Gud. Han ersattes av Josefs två söner Manasse och Efraim som formade två stammar.

Namnen på de tolv stammarna

Hur kan då vi, som varken är medlemmar i Israels tolv stammar eller Abrahams efterkommande i direkt nedstigande led bli frälsta och komma igenom de tolv portarna där de tolv stammarnas namn är inskrivna?

Vi finner svaret på denna fråga i Uppenbarelseboken 7:4-8:

Och jag hörde antalet av dem som var försedda med sigill: etthundrafyrtiofyra tusen ur Israels alla stammar, av Juda stam tolv tusen försedda med sigill, av Rubens stam tolv tusen, av Gads stam tolv tusen, av Asers stam tolv tusen, av Naftalis stam tolv tusen, av Manasses stam tolv tusen, av Simeons stam tolv tusen, av Levis stam tolv tusen, av Isaskars stam tolv tusen, av Sebulons stam tolv tusen, av Josefs stam tolv tusen och av Benjamins stam tolv tusen försedda med sigill.

I dessa verser kommer namnt på Juda stam först och namnet på Rubens stam följer därpå, till skillnad från 1 Mosebok och 5 Mosebok. Namnet på Dans stam är borttaget och namnet på Manasses stam är tillagt.

Det finns en mycket allvarlig synd nedskriven som hände i

Dans stam, i 1 Kungaboken 12:28-31:

> *Sedan kungen hade rådgjort om detta, lät han göra två kalvar av guld och sade till folket: "Nu får det vara nog med era färder upp till Jerusalem. Se, här är din Gud, Israel, han som har fört dig upp ur Egyptens land." Han ställde upp den ena i Betel, och den andra i Dan. Detta blev en orsak till synd. Folket gick ända till Dan för att träda fram för den ena av dem. Han byggde också upp offerhöjdshus och gjorde alla slags män ur folket till präster, sådana som inte var leviter.*

Det norra riket Israels första kung Jerobeam tänkte för sig själv att om folket gick upp till Herrens tempel i Jerusalem för att offra, skulle de återigen sluta sig till deras herre Rehabeam, kungen i Juda. Kungen gjorde två gyllene kalvar och satte upp en i Betel och den andra i Dan. Han förbjöd folket att gå till Jerusalem för att offra till Gud och lockade dem att tillbe i Betel och Dan.

Dans stam begick avgudadyrkans synd och gjorde vanliga människor till Guds präster trots att ingen förutom Levi stam skulle vara präster. De höll också en festival på den femtonde dagen i den åttonde månaden, på samma sätt som festivalen i Juda. Ingen av dessa synder kunde förlåtas av Gud och de övergavs av Honom.

Namnet på Dans stam blev därför borttaget och ersatt av namnet på Manasses stam. Det faktum att namnet på Manasses stam lades till blev det profeterat om i 1 Mosebok 48:5. Så här säger Jakob till sin son Josef:

"Dina båda söner, som föddes åt dig i Egyptens land innan jag kom hit till dig i Egypten, skall nu vara mina. Efraim och Manasse skall vara mina liksom Ruben och Simeon."

Israels fader Jakob hade redan beseglat Manasse och Efraim som sina. I Uppenbarelseboken i Nya Testamentet finner man därför att namnet på Manasse stam är nedskrivet istället för Dans.

Det faktum att namnet på Manasse stam är nedskrivet bland Israels tolv stammar på det här sättet trots att han inte var en av Israels tolv ledare indikerar att hedningarna skulle ta israeliternas plats och bli frälsta.

Gud lade grunden till en nation genom Israels tolv stammar. För omkring två tusen år sedan öppnade Han dörren till rening för våra synder genom Jesu Kristi dyrbara blod som utgöts på korset och lät varenda en ta emot frälsning genom tro.

Gud utvalde Israels folk som kom ut genom de tolv stammarna och kallade dem "Mitt folk", men eftersom de slutligen kom till korta med att följa Guds vilja, gick evangeliet över till hedningarna.

Den vilda olivgrenen som blev inympad är hedningarna och de har ersatt Guds utvalda Israels folk som är olivgren. Det är därför som Paulus säger i Romarbrevet 2:28-29 att, *"Den är inte jude som är det till det yttre, och omskärelse är inte något som sker utvärtes på kroppen. Den är jude som är det i sitt inre, och hjärtats omskärelse sker genom Anden och inte genom bokstaven. En sådan får sitt beröm, inte av människor utan av Gud."*

I korthet, hedningarna har ersatt Israels folk i att uppnå Guds försyn precis som Dans stam blev borttagen och Manasses stam tillagd. Därför kan till och med hedningar komma in i Nya Jerusalem genom de tolv portarna så länge de har de rätta kvalifikationerna i tron.

Därför är det inte bara dem som tillhör Israels tolv stammar, utan även dem som blir Abrahams efterkommande i tro som tar emot frälsning. När hedningarna kommer till tro betraktar Gud inte längre dem som "hedningar" utan istället som medlemmar i de tolv stammarna. Alla nationer kommer att bli frälsta genom de tolv portarna, och detta är rättfärdigheten från Gud.

Det är trots allt Israels "tolv stammar" som andligt refererar till alla Guds barn som är frälsta genom tro, och Gud har skrivit namnen på de tolv stammarna på Nya Jerusalems tolv portar för att symbolisera detta faktum.

Men precis som olika länder och områden har olika kännetecken, skiljer sig även härligheten mellan de olika stammarna i dessa tolv stammar, och de tolv portarna varierar också i härlighet i himlen.

3. Namnen på de tolv lärjungarna inskrivna på de tolv grundstenarna

Vad är då orsaken till att namnen på de tolv lärjungarna är inskrivna på Nya Jerusalems tolv grundstenar?

För att bygga en byggnad måste det finnas grundstenar att placera pelarna på. Det är lätt att beräkna storleken på en byggnad om man ser hur djupt man har grävt. Grunden är väldigt viktig eftersom den måste kunna bära upp hela byggnadens tyngd.

På samma sätt är de tolv grundstenarna utlagda för att hålla uppe Nya Jerusalems murar, och tolv pelare, mellan vilka tolv portar har gjorts. Sedan blev de tolv portarna gjorda. e tolv grundstenarna och de tolv pelarna är så massiva, bortom vår föreställningsförmåga, och vi skall gå lite djupare in i det i nästa kapitel.

Tolv grundstenar, viktigare än de tolv portarna

Varje gestalt har en skugga som visar det verkliga. På samma sätt är Gamla Testamentet en skuggbild av Nya Testamentet eftersom Gamla Testamentet vittnar om Jesus som kom till den här världen som Frälsaren, och Nya Testamentet har skrivit ner Jesu tjänst, som kom till denna värld, uppfyllde alla profetior, och öppnade vägen till frälsning (Hebreerbrevet 10:1).

Gud var den som lade grunden till en nation genom Israels tolv stammar och proklamerade lagen genom Mose, och som undervisade de tolv lärjungarna genom Jesus, som uppfyllde lagen genom kärlek, och gjorde dem till Herrens vittnen över hela världen. På det här sättet blev de tolv lärjungarna hjältar som gjorde det möjligt att uppfylla lagen i Gamla Testamentet och bygga staden Nya Jerusalem, som inte är en skuggbild utan den verkliga gestalten.

Därför är Nya Jerusalems tolv grundstenar viktigare än de tolv portarna, och de tolv lärjungarnas roll är viktigare än de tolv stammarnas.

Jesus och Hans tolv lärjungar

Guds Son Jesus, som kom till den här världen i köttet, påbörjade sin tjänst vid 30 års ålder, kallade sina lärjungar och undervisade dem. När tiden var inne gav Han makt till sina lärjungar att driva ut demoner och bota de sjuka. Matteus 10:2-4 nämner de tolv lärjungarna:

> *Detta är namnen på de tolv apostlarna: först Simon, som kallas Petrus, och hans bror Andreas, vidare Jakob, Sebedeus son, och hans bror Johannes, Filippus och Bartolomeus, Thomas och Matteus, publikanen, Jakob, Alfeus son, och Taddeus Simon ivraren och Judas Iskariot, han som skulle förråda honom.*

På Jesu uppmaning predikade de evangeliet och utförde Guds kraftgärningar. De vittnade om den levande Guden och ledde många själar till frälsningsvägen. Alla utom Judas Iskariot, som blivit uppviglad av Satan till att sälja Jesus, vittnade om Jesu uppståndelse och uppstigning, och fick uppleva den Helige Ande genom ivrig bön.

När Herren så sände ut dem, tog de emot den Helige Ande och kraft och blev Herrens vittnen i Jerusalem, hela Judéen och Samarien, och till jordens yttersta ändar.

Mattias ersatte Judas Iskariot

Apostlagärningarna 1:15-26 beskriver processen av att ersätta Judas Iskariot bland de tolv lärjungarna. De bad till Gud och kastade lott. Detta gjordes för att lärjungarna ville att det skulle bli gjort efter Guds vilja, utan ingripande av mänskliga tankar. Slutligen valde de en individ bland dem som hade blivit undervisad av Jesus och hans namn var Mattias.

Orsaken till att Jesus ändå utvalde Judas Iskariot trots att Han visste att han till slut skulle förråda finner vi i detta. Det faktum att Mattias blev invald betyder att även hedningarna skulle ta emot frälsning. Det betyder också att Guds utvalda tjänare idag hör till Mattias plats. Sedan Herrens uppståndelse och uppstigande har det funnits många Guds tjänare som blivit utvalda av Gud själv, och vem som helst som blir ett med Herren kan bli utvald som en av Herrens lärjungar, på samma sätt som Mattias blev Hans lärjunge.

Guds tjänare utvalda av Gud själv lyder sin Mästares vilja med endast ett "Ja." Om Guds tjänare inte lyder Hans vilja kan inte och borde de inte kallas "Guds tjänare" eller "Guds utvalda tjänare."

De tolv lärjungarna inklusive Mattias efterliknade Herren, uppnådde heligheten, lydde Herrens undervisning och förverkligade Guds vilja fullständigt. De blev grundstenar till världsmissionen genom att uppfylla sina uppgifter tills de blev martyrer.

Namnen på de tolv lärjungarna

De som har blivit frälsta av tro, trots att de vare sig är helgade eller betrodda i hela Guds hus, kan besöka Nya Jerusalem på inbjudan, men de kan inte bo därinne för evigt. Orsaken till att namnen på de tolv lärjungarna är inskrivna på de tolv grundstenarna är för att påminna oss om att endast de som är helgade och betrodda i hela Guds hus i detta liv kan komma in i Nya Jerusalem.

Israels tolv stammar betyder alla Guds barn som är frälsta av tro. De som är helgade och trogna med sina liv kommer att ha kvalifikationerna för att komma in i Nya Jerusalem. Av dessa orsaker är de tolv grundstenarna viktigare, och det är därför som namnen på de tolv lärjungarna inte är skrivna på de tolv portarna utan på de tolv grundstenarna.

Varför utvalde Jesus endast tolv lärjungar? I sin perfekta visdom uppfyller Gud sin omsorg som Han har designat sedan före tidernas begynnelse och uppnår allt efter denna plan. Därför vet vi att Jesus utvalde endast tolv lärjungar för att på det sättet göra allt enligt Guds plan.

Gud som formade de tolv stammarna i Gamla Testamentet, utvalde tolv lärjungar. Han använde talet 12 som står för "ljus" och "fullkomlighet" även i Nya Testamentet. Skuggbilden i Gamla Testamentet tillsammans med verkligheten i Nya Testamentet bildade ett par.

Gud ändrar inte på sina tankar och planer som Han en gång har tänkt ut, och håller sitt Ord. Därför måste vi tro på allt Guds Ord i Bibeln, förbereda oss själva som Herrens brud och ta emot Honom, samt uppnå och ha de rätta kvalifikationerna för att komma in i Nya Jerusalem som de tolv lärjungarna.

Jesus sa till oss i Uppenbarelseboken 22:12, *"Se, jag kommer snart och har min lön med mig för att ge var och en efter hans gärningar."*

Vilket slags kristet liv borde du leva om du verkligen tror att Herren kommer tillbaka snart? Du borde inte endast vara tillfreds med att ha tagit emot frälsningen genom tro på Jesus Kristus utan också försöka göra dig av med dina synder och vara trogen i alla dina uppgifter.

Jag ber i Herren Jesu Kristi namn att du skall få den eviga härligheten och välsignelserna i Nya Jerusalem som trons förfäder gjorde, vars namn är inskrivna på de tolv portarna och de tolv grundstenarna!

Kapitel 3

Nya Jerusalems storlek

1. Mätt med en mätstång av guld
2. Nya Jerusalem är kubformat

Och han som talade till mig hade en mätstång av guld för att mäta staden och dess portar och dess mur. Staden bildade en fyrkant och var lika lång som den var bred. Och han mätte upp den med mätstången till tolv tusen stadier. Dess längd, bredd och höjd var lika. Han mätte också upp dess mur till etthundrafyrtiofyra alnar efter människors mått, som också är änglars.

- Uppenbarelseboken 21:15-17 -

Somliga troende tror att alla som blir frälsta kommer in i Nya Jerusalem som innefattar Guds tron, eller missförstår att Nya Jerusalem är himlen i sig själv. Men Nya Jerusalem är inte hela himlen utan endast en del av den ändlösa himlen. Endast Guds sanna barn som är heliga och helgade kan komma in dit. Hur vidsträckt kan du tänka dig att Nya Jerusalems är, som Gud har förberett för sina sanna barn?

Låt oss titta närmare på dess storlek och form och den andliga betydelsen fördold i dem.

1. Mätt med en mätstång av guld

Det är naturligt för dem med sann tro och ivrigt hopp om Nya Jerusalem att fundera på stadens storlek och form. Eftersom det är platsen för Guds barn som är helgade och som helt och hållet efterliknar Herren har Gud förberett Nya Jerusalem så vackert och magnifikt.

I Uppenbarelseboken 21:15 kan man läsa om en ängel som håller i en mätstång av guld för att mäta storleken på Nya Jerusalems portar och murar. Varför har Gud gjort det så att Nya Jerusalem skulle mätas med en mätstång av guld?

Mätstången av guld är en slags måttstock som används för att mäta avstånd i himlen. Om man känner till meningen med guld och mätstång kan man förstå orsaken till att Gud mäter Nya Jerusalems dimensioner med en mätstång av guld.

Guld står för "tro" eftersom det aldrig förändras över tid. Mätstångens guld representerar det faktum att Guds mått är riktiga och oföränderliga, och att Han håller alla sina löften.

Vasstråets egenskaper som mäter tron

Stången är gjord av vasstrå och dess ände är mjuk. Det svajar lätt med vinden utan att gå av; det besitter både mjukhet och styrka på samma gång. Vasstrået har knölar och detta betyder att Gud belönar var och en efter vad personen har gjort.

Orsaken till att Gud mäter staden Nya Jerusalem med en mätstång är alltså för att mäta varje persons tro på ett riktigt sätt och återgälda vad han eller hon har gjort.

Låt oss fundera över vasstråets egenskaper och den andliga meningen av det för att förstå varför Gud mäter Nya Jerusalems dimensioner med den mätstången av guld.

För det första har vasstrå väldigt djupa och starka rötter. De är 1-3 meter långa och växer i grundstam i träsk eller sjöar. De kan verka ha svaga rötter, men det är väldigt svårt att dra loss dem.

På samma sätt borde Guds barn vara stadigt rotade i tron och stå på trons klippa. Bara när du har en oföränderlig tro som inte kan skakas under någon omständighet, kommer du att kunna komma in i Nya Jerusalem vars dimensioner mäts med en mätstång av guld. Det är av denna orsak som aposteln Paulus bad för de troende i Efesus, *"och att Kristus genom tron skall bo i era hjärtan och ni skall bli rotade och grundade i kärleken"* (Efesierbrevet 3:17).

För det andra har vasstrå väldigt mjuka ändar. Eftersom Jesus hade ett mjuk och milt hjärta som påminner om vasstrå, bråkade Han aldrig eller ropade ut. Inte ens när andra kritiserade eller förföljde Honom, diskuterade Han med dem utan gick istället sin väg. De som därför hoppas på Nya Jerusalem borde ha milda hjärtan som Jesus hade. Om du känner dig obekväm när andra pekar på dina misstag eller förmanar dig, betyder det att du fortfarande har ett hårt och stolt hjärta. Om du har ett mjukt och milt hjärta som dun kan du acceptera dessa saker med glädje utan att känna skam eller otillfredsställelse.

För det tredje svajar vasstråert lätt av vinden, men bryts inte lätt av. Efter en stark tyfon händer det att stora träd dras upp med rötterna, men vanligtvis bryts inte vasstråert av ens av dessa starka vindar eftersom de är mjuka. Människor i den här världen jämför ibland kvinnors sinne och hjärta med vasstrå för att belysa dem på ett negativt sätt, men Guds jämförelse är den totala motsatsen. Vasstrå är mjuka och verkar vara väldigt svaga, ändå har de styrkan att inte gå av ens i starka vindar, och de har en elegant skönhet med sina vita blommor.

Eftersom vasstråert har alla dessa aspekter som mjukhet, styrka, och skönhet kan det symbolisera rätten i vissa domar. Denna egenskap som vasstråert har kan också appliceras på staten Israel. Israel har ett relativt litet territorium och befolkning, och omges av fientliga grannländer. Israel kan verka vara ett svagt land, men det "går aldrig av" oavsett omständigheter. Detta beror på att de har en sådan stark tro på Gud, en tro som är djupt rotad i trons förfäder inklusive Abraham. Trots att det ser ut som om de är på väg att kollapsa när som helst, gör deras tro på Gud att de stå starka.

För att få komma in i Nya Jerusalem måste vi på samma sätt ha tron som aldrig ger upp oavsett omständigheter, rotas i Jesus Kristus som är Klippan, likt vasstrået med dess starka rötter. För det fjärde är vasstråets stam rak och len vilket gör att de ofta används till att göra tak, pilar och stift till pennor. Den raka stammen pekar också på att man måste röra sig framåt. Det sägs att tron bara "lever" då den avancerar. De som förbättrar och utvecklar sig själva kommer att växa i sin tro dagligen, och fortsätta avancera mot himlen.

Gud utväljer dessa goda kärl som avancerar mot himlen, renar dem och gör dem fullkomliga så att dessa människor skall kunna komma in i Nya Jerusalem. Därför behöver vi avancera mot himlen som löven som spricker ut i änden av den raka stammen.

För det femte ser vasstrået väldigt mjuk och vackert ut och deras löv är behagliga och eleganta. Många poeter har skrivit om vasstråets blommor för att utmåla ett fridfullt landskap. 2 Korinterbrevet 2:15 säger, *"Ty vi är en Kristi rökelse inför Gud bland dem som blir frälsta och bland dem som blir förtappade"*, och det innebär att de som står på trons klippa sprider ut Kristi väldoft. De som har sådana hjärtan har behagliga och fridsamma ansikten och människor kan uppleva himlen genom dem. För att därför kunna komma in i Nya Jerusalem måste vi sprida Kristi underbara väldoft som är likt mjuka blommor och eleganta löv från vasstrå.

För det sjätte är vasstråets löv tunna och dess kanter är tillräckligt skarpa för att kunna skära genom skinnet bara genom att snudda vid dem. På samma sätt får de som har tro inte kompromissa med synd utan bli som dessa blad genom att göra sig av med ondska.

En minister i det stora Persien och som var älskad av kungen, Daniel, mötte en svårighet då han blev dömd att kastas i lejongropen av onda män som var avundsjuka på honom. Trots detta kompromissade han inte alls utan höll fast vid sin tro. Det ledde till att Gud sände sin ängel för att stänga lejonens mun och lät Daniel förhärliga Gud på ett storslaget sätt framför kungen och alla människor.

Gud har behag till den slags tro som Daniel hade, den sorten som inte kompromissar med världen. Han beskyddar dem som har en sådan tro från alla slags svårigheter och prövningar, och låter dem till slut förhärliga Honom. Han välsignar dem också och gör dem till *"huvud och inte till svans"* var de än går (5 Mosebok 28:1-14).

Ordspråksboken 8:13 säger vidare till oss, *"Att frukta HERREN är att hata det onda."* Om du har ondska i ditt hjärta måste du göra dig av med den genom ivrig bön och fasta. Det är bara när du slutar kompromissa med synd samt hatar ondskan som du kommer att bli helgad och bli kvalificerad att komma in i Nya Jerusalem.

Vi har tittat på orsaken till att Gud mäter staden Nya Jerusalem med mätstången av guld genom att se på sex egenskaper som vasstrået har. Användandet av en mätstång av guld låter oss förstå att Gud mäter vår tro på ett riktigt sätt och belönar oss exakt efter var vi har gjort i detta liv, och att Han uppfyller sina löften. Därför hoppas jag att du kommer inse att du måste vara kvalificerad i enlighet med den andliga betydelsen av mätstången av guld, göra dig av med all slags ondska, och låta hjärtat mogna till att bli sådant hjärta Herrens hjärta.

2. Nya Jerusalem är kubformat

Gud har specifikt skrivit ner Nya Jerusalems storlek och form i Bibeln. Uppenbarelseboken 21:16 berättar för oss att staden är formad som en kub, 2 280 mil i längd, höjd och bredd (tolv tusen stadier). Detta gör att somliga undrar, "Kommer vi inte känna oss hopklämda?" Men Gud har gjort allt inne i Nya Jerusalem så behagligt och njutbart. Man kan inte heller se staden från utsidan, men människor innanför murarna kan se utsidan. Med andra ord finns det ingen orsak att känna sig obekväm eller fängslad innanför murarna.

Nya Jerusalem har en form som en fyrkant

Vad är då orsaken till att Gud har gjort Nya Jerusalem som en fyrkant? Samma längd och bredd representerar Nya Jerusalems ordning, precision, rättvisa och rättfärdighet. Gud har ordning på allt så att månen, oändliga stjärnor, solen och solsystemet och resten av universum rör sig precist och med noggrannhet utan något avbrott. På samma sätt har Gud gjort staden Nya Jerusalem i formen av en fyrkant för att uttrycka att Han kontrollerar allting och historien med sin ordning, och fullföljer allt till slutet med precision.

Nya Jerusalems längd och bredd är lika och innefattar de tolv portarna och de tolv grundstenarna, tre på varje sida. Detta symboliserar att oavsett var man bor på denna jord kommer reglerna tillämpas korrekt för dem som har kvalifikationerna för att komma in i Nya Jerusalem. Människor som kvalificerar sig genom att mätas med mätstången av guld kommer in i Nya

Jerusalem oavsett kön, ålder eller ras.

Det beror på att Gud, med sin rättfram och rättvisa karaktär dömer rättvist och mäter noggrant kvalifikationerna för att komma in i Nya Jerusalem. Vidare representerar en fyrkant norr, söder, öster och väster. Gud har gjort Nya Jerusalem och kallar sina perfekta barn som är frälsta av tro från alla nationer i alla fyra riktningarna.

Uppenbarelseboken 21:16 säger, *"Staden bildade en fyrkant och var lika lång som den var bred. Och han mätte upp den med mätstången till tolv tusen stadier. Dess längd, bredd och höjd var lika."*

Uppenbarelseboken 21:17 säger också, *"Han mätte också upp dess mur till etthundrafyrtiofyra alnar efter människors mått, som också är änglars."*

Nya Jerusalems murar är 72 yards breda. 72 yards är ca 144 alnar eller 65 meter, eller 213 feet. Precis som staden Nya Jerusalem är enorm, är också dess murar extremt breda, som inte kan jämföras med något.

Kapitel 4

Gjord av rent guld och juveler i alla färger

1. Utsmyckad med rent guld och alla slags juveler

2. Nya Jerusalems murar gjorda av jaspis

3. Gjord av rent guld likt klart glas

*Muren var byggd av jaspis, och staden
bestod av rent guld som liknade rent glas.*
- Uppenbarelseboken 21:18 -

Tänk dig att du ägde all rikedom och makt och kunde bygga ett hus där du och dina älskade skulle bo i för evigt. Hur skulle du då designa det? Vilka material skulle du använda? Oavsett hur mycket det kostar, hur lång tid det tar, hur mycket arbetskraft som behövs för att bygga det, skulle du förmodligen bygga det på det mest underbaraste och charmerande sätt.

Hur mycket mer skulle inte vår Fader Gud bygga och utsmycka något i Nya Jerusalem på det vackraste sättet med det bästa materialet i himlen för att bo där tillsammans med sina älskade barn för evigt? Varje material är också gjort med en speciell betydelse som påminner om den tid då vi utstod så mycket med tro och kärlek på denna jord, och allt där är magnifikt.

Det är bara naturligt för dem som längtar efter Nya Jerusalem djupt i sina hjärtan att vilja veta mer om staden.

Gud känner dessa personers hjärtan och har i Bibeln gett oss olika delar av informationen om Nya Jerusalem, inklusive detaljerade beskrivningar om dess storlek, form, och till och med hur tjocka murarna är.

Vad är då staden Nya Jerusalem gjord av?

1. Utsmyckad med rent guld och alla slags juveler

Nya Jerusalem som Gud har förberett för sina barn är gjort av rent guld som aldrig förändras och är inrett med andra juveler. I himlen finns det inget material som myllan i den här världen som förändras allt eftersom tiden går. Vägarna i Nya Jerusalem är gjorda av rent guld och grundstenarna är gjorda av juveler. Om sandbankerna vid stranden på floden med livets vatten är guld och silver, så mycket mer förvånansvärt materialet i andra byggnader måste vara?

Nya Jerusalem: Guds mästerverk

Alla världsberömda byggnaders utsmyckning, värde, elegans och sinnrikhet skiljer sig från en struktur till en annan beroende av vilket material man använde för att bygga det. Marmor skiner elegantare och är vackrare än sand, trä och cement.

Kan du föreställa dig hur ljuvligt och härligt det skulle vara om du kunde bygga en hel byggnad av dyrbart guld och juveler? Hur mycket mer fantastiskt och vackrare är inte de himmelska byggnader som är gjorda av de vackraste materialen som finns!

Guld och juveler gjorda i himlen genom Guds kraft skiljer sig mycket i kvalitet, färg, och elegans från de på denna jord. Deras renhet och skinande ljus är så vackert att det inte med ord kan beskrivas.

På den här jorden finns det många kärl som kan skapas från samma material. Lera kan till exempel bli dyrbart porslin eller billiga lerkrukor, beroende på vilken slags lera som används och krukmakarens skicklighet. Det tog tusentals år för Gud att bygga Nya Jerusalem, Hans mästerverk, som är fyllt med magnifik och ståtlig arkitektur och perfekt härlighet.

Rent guld står för tro och evigt liv

Rent guld är hundra procent guld, utan någon orenhet, och det är det enda som inte förändras på den här jorden. På grund av denna egenskap använder många länder det för sin valuta och valutakurser. Det används även som utsmyckning samt för industriella syften. Rent guld är eftertraktat och älskat av många människor.

Orsaken till att Gud gav oss guld på den här jorden var för att låta oss inse att det finns saker som aldrig förändras, och att en evig värld existerar. Saker på den här jorden slits ut och förändras över tid. Om vi bara hade sådana ting skulle det vara svårt för oss med vår begränsade kunskap, att förstå att det finns en evig himmel.

Det är därför som Gud låter oss att få veta att det finns ting som är eviga genom detta oföränderliga guld. Det är för att få oss att inse att det finns något som aldrig förändras och ge oss ett hopp om den eviga himlen. Rent guld står för den andliga tron som aldrig förändras. Om du därför är vis kommer du försöka få tag på den tron som är likt det oföränderliga rena guldet.

Det finns många saker som är gjorda av rent guld i himlen. Tänk dig hur tacksamma vi kommer att bli endast genom att se på himlen som är gjord av rent guld, det som vi har ansett vara det dyrbaraste i livet här på denna jord.

De som är ovisa värderar guld enbart som ett sätt att bli rik på eller att visa upp sin rikedom på. På grund av detta håller de sig borta från Gud och älskar Honom inte, och till slut kommer de kastas i eldsjön eller i helvetets brinnande svavel och för evigt ångra sig: "Jag skulle inte ha lidit i helvetet om jag bara hade ansett tron vara lika dyrbar som jag ansåg guld vara."

Därför hoppas jag att du skall vara vis och få tag på himlen genom att försöka få tag på den oföränderliga tron och inte guldet i denna värld som du måste lämna när ditt liv på denna jord får sitt slut.

Juveler står för Guds härlighet och kärlek

Juveler är solida och har en hög hårdhetsgrad. De har och utstrålar vackra färger och ljus. Eftersom inte många av dem produceras är de älskade av många människor och anses värdefulla. I himlen kommer Gud klä dem som fått del av himlen genom tro i fina tyger och dekorera dem med många juveler för att uttrycka sin kärlek.

Människor älskar juveler och försöker få sig själva att se vackrare ut genom att smycka sig med olika accessoarer. Hur underbart det kommer att vara när Gud ger dig många strålande juveler i himlen!

Någon kanske frågar, "Varför behöver vi juveler i himlen?" Juveler i himlen representerar Guds härlighet, och antalet juveler som en person blir belönad med, representerar hur stor kärlek Gud har till just den personen.

I himlen finns det oändligt många sorters juveler, i alla möjliga färger. Nya Jerusalems tolv grundstenar är safir med en genomskinlig mörkblå färg; genomskinlig grön smaragd; mörkröd rubin; och genomskinlig gulgrönaktig krysolit. Beryll har en blåaktig färg för att påminna oss om klart havsvatten, och topas har en mild orange färg. Krysopras är halvgenomskinlig och mörkgrön, och ametist har en ljust violett eller mörklila färg.

Förutom dessa finns det oändligt antal juveler som har och

utstrålar vackra färger som till exempel jaspis, kalcedon, sardonyx och hyacint. Alla dessa juveler har olika namn och egenskaper precis som juveler här på jorden har. Färgerna och namnen på varje juvel är kombinerade för att visa dess ädelhet, glans, värde och härlighet.

Precis som juveler på denna jord utstrålar olika färger och ljus i olika vinklar har de himmelska juvelerna olika ljus och färger, och just juvelerna i Nya Jerusalem skiner och reflekterar tvåfaldiga och trefaldiga ljus.

Det är uppenbart att dessa juveler är betydligt mycket vackrare, mer än ord kan beskriva, än de som finns på denna jord, eftersom Gud själv polerar ädelmetallerna med skapelsens kraft. Det är därför som apostelen Johannes sa att Nya Jerusalems skönhet är likt de dyrbaraste stenarna.

Juvelerna i Nya Jerusalem utstrålar mycket vackrare ljus än de på andra boplatser eftersom Guds barn som kommer in i Nya Jerusalem fullständigt har uppnått Guds hjärta och gett äran till Honom. På så vis är både insidan och utsidan på Nya Jerusalem utsmyckad med många olika slags juveler i varierande färger. Men juvelerna ges inte till varenda en, utan endast som belöning till vars och ens trosgärningar här på jorden.

2. Nya Jerusalems murar gjorda av jaspis

Uppenbarelseboken 21:18 berättar för oss att Nya Jerusalems murar är "byggd av jaspis." Kan du föreställa dig hur dessa stora murar runt Nya Jerusalem gjorda av jaspis ser ut?

Jaspis står för andlig tro

Jaspisen på jorden är vanligtvis en solid och ogenomskinlig sten. Dess färger varierar, allt ifrån grön och röd, till gulgrönaktig. Somliga stenar har flera olika färger och andra har prickar. Beroende på dess färg varierar hårdheten. Jaspis är relativt billigt och en del av dem går lätt sönder, men himmelsk jaspis gjord av Gud kan aldrig förändras eller gå sönder. Himmelsk jaspis har en blåaktig vit färg och är så genomskinlig att det känns som om du tittar in i klart vatten. Trots att det inte kan jämföras med någonting på den här jorden, kan den liknas vid det skinande blåaktiga solljuset som reflekteras i havets vågor.

Denna jaspis står för andlig tro. Tro är det viktigaste och mest grundläggande elementet i det kristna livet. Utan tro kan man varken ta emot frälsningen eller behaga Gud. Det är också så att utan den tron som behagar Gud kan man inte komma in i Nya Jerusalem.

Nya Jerusalem är således byggd med tro, och juvelen som kan uttrycka trons färger är jaspis. Det är därför som Nya Jerusalems murar är gjorda av jaspis.

Om Bibeln säger till oss att "Nya Jerusalems murar är gjorda av tro", skulle människor kunna först ett sådant uttryck då? Det skulle givetvis inte bli förstått av mänskliga tankar och det skulle till och med vara mycket svårt för människor att ens försöka föreställa sig hur vackert Nya Jerusalem är utsmyckat.

Murarna gjorda av jaspis skiner klart med ljuset från Guds härlighet och är dekorerade med många olika mönster och design.

Staden Nya Jerusalem är Gud Skaparens mästerverk och platsen för den eviga vilan för den bästa frukten från den 6 000-åriga mänskliga kultiveringen. Hur magnifik och strålande kommer inte staden att vara! Vi måste förstå att Nya Jerusalem är gjord med den bästa teknologin och utrustning vars funktioner vi inte ens kan ana. Är insidan inte synlig från utsidan, trots att murarna är genomskinliga. Detta betyder dock inte att människorna inne i staden känner sig begränsade innanför stadsmurarna. Nya Jerusalems invånare kan se stadens utsida inifrån och upplever det som att det inte ens fanns några murar. Hur förundransvärt det måste vara!

3. Gjord av rent guld likt rent glas

Den senare delen av Uppenbarelseboken 21:18 säger, *"Staden bestod av rent guld som liknade rent glas."* Låt oss nu titta på guldets egenskaper som hjälp för att föreställa oss Nya Jerusalem och förstå dess skönhet.

Rent guld har ett oföränderligt värde

Guld oxideras inte i luft eller vatten. Det förändras inte över tid och visar ingen kemisk reaktion med andra substanser. Guld håller alltid samma vackra strålglans. På den här jorden är guld för mjukt så vi gör en legering men i himlen är guldet inte för mjukt. Både guld och andra juveler i himlen utstrålar andra färger och har helt olika hårdhetsgrad än de som finns på jorden eftersom de tar emot ljus från Guds härlighet.

Till och med här på jorden skiljer sig värdet på juveler efter hur skicklig hantverkaren är och vilken teknik denne har använt.

Hur vackra och dyrbara kommer inte juvelerna i Nya Jerusalem vara eftersom de är rörda av och slipade av Gud själv!

Det finns ingen girighet eller begär efter vackra och goda ting i himlen. På jorden tenderar människor att älska juveler på grund av deras slösaktighet och tillfälliga kändisskap, men i himlen älskar man juvelerna andligt eftersom man förstår den andliga betydelsen av dem alla och de utstrålar Guds kärlek som har förberett och dekorerat himlen med vackra juveler.

Gud gjorde Nya Jerusalem av rent guld

Varför har då Gud gjort staden Nya Jerusalem av rent guld som är lika rent som glas? Som tidigare förklarat står guld andligt sett för tro, hopp som är fött av tro, rikedom, ära och auktoritet. Ett "hopp som är fött av tro" betyder att du kan ta emot frälsning, hopp om Nya Jerusalem, göra dig av med synder, sträva efter att helga dig själv, och se fram emot belöningarna med hopp eftersom du har tro.

Gud har därför gjort staden av rent guld så att de som kommer in dit med ett passionerat hopp förevigt skall vara fyllda med tacksamhet och lycka.

Uppenbarelseboken 21:18 säger oss att Nya Jerusalem är "som rent glas." Det uttrycker hur klara och fina Nya Jerusalems omgivningar är. Guldet i himlen är klart och rent som glas, helt olikt det ogenomskinliga guldet på denna jord.

Nya Jerusalem är klart och fint, utan någon fläck eftersom

det är gjort av rent guld. Det är därför som aposteln Johannes noterade att staden var som "rent guld, som rent glas."

Försök att föreställa dig staden Nya Jerusalem gjord av rent, fint guld och många olika slags vackra juveler med många färger. Efter att jag accepterade Herren ansåg jag att guld och juveler var helt ordinära stenar och längtade aldrig efter att äga dem. Jag var full av hopp om himlen, och älskade ingenting i den här världen. Men när jag bad om att få lära känna himlen sa Herren till mig, "I himlen är allt gjort av vackra juveler och guld; du borde älska detta." Han menade inte att jag skulle börja samla på guld och juveler utan istället var det tänkt för att förstå Guds omsorg och den andliga betydelsen av juvelerna och att älska dem på det sättet som Gud ansåg det passande.

Jag uppmanar dig att andligt älska guld och juveler. När du ser guld, kan du tänka, "Jag borde ha tro som rent guld." När du ser andra olika juveler kan du hoppas på himlen och säga, "Hur vackert kommer mitt hus i himlen att vara?"

Jag ber i Herren Jesu Kristi namn att du skall få äga ett himmelskt hus gjort av evigt, oföränderligt guld och magnifika juveler genom att få tag på tron som är lika ren som guld och löpa mot himlen.

Kapitel 5

Betydelsen av de tolv grundstenarna

1. Jaspis: Andlig tro
2. Safir: Rättsinnighet och integritet
3. Kalcedon: Oskuldsfullhet och uppoffrande kärlek
4. Smaragd: Rättfärdighet och renhet
5. Sardonyx: Andlig trofasthet
6. Karneol: Passionerad kärlek
7. Krysolit: Barmhärtighet
8. Beryll: Tålamod
9. Topas: Andlig godhet
10. Krysopras: Självbehärskning
11. Hyacint: Renhet och helighet
12. Ametist: Skönhet och mildhet

Grundstenarna till stadsmuren var prydda med alla slags ädelstenar. Den första var en jaspis, den andra en safir, den tredje en kalcedon, den fjärde en smaragd, den femte en sardonyx, den sjätte en karneol, den sjunde en krysolit, den åttonde en beryll, den nionde en topas, den tionde en krysopras, den elfte en hyacint och den tolfte en ametist.

- Uppenbarelseboken 21:19-20 -

Aposteln Johannes skrev detaljerat om de tolv grundstenarna. Varför gav Johannes en sådan noggrann rapport om Nya Jerusalem? Gud vill att Hans barn ska ha evigt liv och sann tro genom att känna till den andliga betydelsen av Nya Jerusalems tolv grundstenar.

Varför gjorde då Gud de tolv grundstenarna av tolv dyrbara ädelstenar? Kombinationen av de tolv ädla stenarna representerar Jesu Kristi och Guds hjärta, kärlekens höjdpunkt. Om du därför förstår den andliga betydelsen av alla de tolv dyrbara ädelstenarna kommer du enkelt kunna bedöma hur mycket ditt hjärta efterliknar Jesu Kristi, och hur kvalificerad du är att få komma in i Nya Jerusalem.

Låt oss nu undersöka de tolv dyrbara ädelstenarna och deras andliga betydelse.

1. Jaspis: Andlig tro

Jaspis är den första grundstenen i Nya Jerusalems murar och den står för andlig tro. Tro kan generellt delas in i "andlig tro" och "köttslig tro." Medan köttslig tro är tro som enbart är fylld med kunskap är andlig tro den tro som efterföljs av gärningar som kommer från djupet av ens hjärta. Vad Gud vill ha är inte en köttslig utan andlig tro. Om du inte har andlig tro kommer din "tro" inte att efterföljas av gärningar, och du kan då varken behaga Gud eller komma in i Nya Jerusalem.

Andlig tro är grunden till det kristna livet

Med "andlig tro" menas den slags tro med vilken man kan tro alla Guds Ord i djupet av sitt hjärta. Om du har en sådan tro som efterföljs av gärningar kommer du försöka bli helgad och löpa mot Nya Jerusalem. Andlig tro är det allra viktigaste elementet i att leva ett kristet liv. Utan tro kan du inte bli frälst, ta emot svar på dina böner eller ha hopp om himlen.

Hebreerbrevet 11:6 påminner oss, *"Utan tro är det omöjligt att behaga Gud, för den som kommer till Gud måste tro att han finns och att han lönar dem som söker honom."* Om du har sann tro kommer du att tro på Gud som belönar dig, och då kan du vara trofast, kämpa mot synder för att göra dig av med dem och gå på den smala vägen. Och du kommer att vara ivrig i att göra gott och komma in i Nya Jerusalem i det att du följer den Helige Ande.

Därför är tron grunden för det kristna livet. Precis som en byggnad inte kan vara säker om den inte har en stadig grund, kan du inte leva ett riktigt kristet liv utan en stadig tro. Det är därför Judas brev 1:20-21 uppmanar oss, *"Men ni, mina älskade, ska bygga upp er själva på er allra heligaste tro och be i den helige Ande. Håll er kvar i Guds kärlek, medan ni väntar på att vår Herre Jesus Kristus i sin barmhärtighet ska ge er evigt liv."*

Abraham, trons fader

Den bästa bibliska personen som oföränderligt trodde på Guds Ord och visade fullkomliga lydnadsgärningar är Abraham. Han blev kallad "Trons fader" eftersom han visade fullkomliga

Betydelsen av de tolv grundstenarna

trosgärningar utan att förändras.
Han tog emot ett ord av stor välsignelse från Gud när han var 75 år. Det var löftet om att Gud skulle göra Abraham till en stor nation och att Abraham skulle bli källan till välsignelse. Han trodde på detta ord och lämnade sin hemstad, men det tog mer än 20 år innan han kunde få en son som skulle bli hans arvinge.

Så lång tid gick att Abraham och hans fru Sara båda blev för gamla för att få barn. Även i denna situation säger Romarbrevet 4:19-20, *"Han vacklade inte i tro."* Han växte sig starkare i tro och trodde helt och fast på Guds löfte; och därför fick han sin son Isak då han var 100 år gammal.

Men det fanns fler än ett tillfälle då Abrahams tro lyste med sin närvaro ännu tydligare. Det var när Gud befallde Abraham att offra sin ende son Isak som ett offer. Abraham tvivlade inte på Guds Ord som hade sagt att Gud skulle ge honom oräkneligt antal efterkommande genom Isak. Eftersom han hade en stadig tro på Guds Ord trodde han att Gud skulle uppväcka Isak från det döda, även om han offrade honom som ett brännoffer.

Det var därför han omedelbart lydde Guds Ord. Genom detta blev Abraham mer än kvalificerad till att bli trons fader. Det var också genom Abrahams efterkommande som nationen Israel formades. Det innebär att hans tro bar överflödande frukt även i det köttsliga.

Eftersom han trodde på Gud och Hans Ord lydde han det som han blev tillsagd att göra. Det är ett exempel på andlig tro.

Petrus fick nycklarna till himmelriket

Låt oss titta på en annan person som hade en sådan andlig tro. Vilken slags tro hade aposteln Petrus, som har medfört att hans namn är inristat på en av Nya Jerusalems grundstenar? Vi vet att även innan han kallades som lärjunge lydde Petrus Jesus; till exempel när Jesus sade till honom att kasta ut näten lydde han direkt (Lukas 5:3-6). Och när Jesus sade till honom att hämta en åsna och henne åsneföl lydde han i tro (Matteus 21:1-7). Petrus lydde Jesus när Han sade åt honom att gå till vattnet och fånga en fisk och ta ut ett mynt från fiskens mun (Matteus 17:27). Han gick dessutom på vattnet som Jesus, även om det bara var för en liten stund. Vi kan genom detta förstå att Petrus hade en enorm tro.

Det gjorde att Jesus bedömde Petrus tro som rättfärdig och gav honom nycklarna till himmelriket så att vad han än band på jorden skulle bli bundet i himlen, och vad han än löste på jorden skulle bli löst i himlen (Matteus 16:19). Petrus fick en ännu mer fullkomlig tro efter att han tagit emot den Helige Ande, han vittnade frimodigt om Jesus Kristus och överlät sig själv till Guds rike för resten av sitt liv ända till han blev martyr.

Vi borde sträcka oss ut efter himlen på samma sätt som Petrus gjorde, ge ära till Gud och ta Nya Jerusalem i besittning med tron som kan behaga Honom.

2. Safir: Rättsinnighet och integritet

Safir är den andra grundstenen i Nya Jerusalems murar och den utstrålar en genomskinlig, mörkblå färg. Vad betyder safiren andligt sett? Den representerar sanningens rättsinnighet och integritet, som stadigt står emot alla frestelser och hot från den här världen. Safiren är en sten som står för sanningens ljus och som oföränderligt kan fortsätta framåt samt för ett rättsinnigt hjärta som anser att Guds vilja är den rätta.

Daniel och hans tre vänner

Ett bra exempel på andlig rättsinnighet och integritet i Bibeln finns i Daniel och hans tre vänner – Sadrak, Mesak och Abed-Nego. Daniel kompromissade inte med sådant som gick stick i stäv med Guds rättfärdighet, även om kungen befallde det. Daniel höll fast vid sin rättfärdighet inför Gud och blev kastad i lejongropen. Gud var så nöjd med den integritet Daniels tro hade att Han beskyddade Daniel genom att sända sin ängel för att stänga lejonens gap och lät honom storligen ära Gud.

I Daniel 3:16-18 står det att Daniels tre vänner också höll fast vid sin tro med sina rättsinniga hjärtan och de kastades i den brinnande ugnen. För att inte begå synden att tillbe avgudar proklamerade de frimodigt inför kungen så här:

> *O Nebukadnessar, vi behöver inte svara dig på detta. Om det blir så, är vår Gud, som vi dyrkar, mäktig att befria oss ur den brinnande ugnen och att befria oss ur din hand, o konung. Men om inte, så skall du veta, o konung, att vi ändå inte dyrkar dina gudar och att vi inte vill tillbe den staty av guld som du har låtit ställa upp.*

Trots att de hade kastats in i elden som hettats upp sju gånger mer än vanligt slutade det med att Daniels vänner inte ens blev svedda eftersom Gud var med dem. Så fantastiskt det är att inte ens ett hår på deras huvuden sveddes och det luktade inte ens rök från deras kläder! Kungen som såg allt detta gav Gud äran och befordrade Daniels tre vänner.

Vi ska be i tro, utan att tvivla

Jakobs brev 1:6-8 berättar för oss hur mycket Gud hatar hjärtan som inte är rättsinniga:

> *Men han ska be i tro, utan att tvivla. Den som tvivlar liknar havets våg som drivs och piskas av vinden. En sådan människa ska inte tänka att hon kan ta emot något från Herren, splittrad som hon är och ostadig på alla sina vägar.*

Om vi inte har rättsinniga hjärtan utan tvivlar det minsta på Gud är vi splittrade. De som tvivlar kommer lätt att skakas av frestelser i den här världen eftersom de är ouppmärksamma och sluga. De som är "splittrade" kan inte se Guds härlighet eftersom de varken kan visa sin tro eller lyda. Det är därför vi påminns i Jakobs brev 1:7, *"En sådan människa ska inte tänka att hon kan ta emot något från Herren."*

Strax efter att jag hade grundat församlingen dog nästan mina tre döttrar av kolmonoxidförgiftning. Ändå oroade jag mig inte alls och hade inga tankar på att ta dem till sjukhuset eftersom jag helt och hållet trodde på den allsmäktige Guden. Jag gick helt enkelt upp till altaret och böjde knä i tacksamhet. Efter det bad jag i tro, "Jag befaller i namnet Jesus Kristus! Giftig gas, försvinn!" Då ställde sig genast mina döttrar som hade varit medvetslösa upp, en efter en när jag bad för var och en av dem. Ett antal församlingsmedlemmar blev vittnen till detta och de var så förundrade och fyllda av glädje och ärade storligen Gud.

Om vi har tro som aldrig kompromissar med den här världen och rättsinniga hjärtan som behagar Gud kan vi frimodigt ära Honom och leva välsignade liv i Kristus.

3. Kalcedon: Oskuldsfullhet och uppoffrande kärlek

Kalcedon är den tredje grundstenen i Nya Jerusalem och symboliserar andligt sett oskuldsfullhet och uppoffrande kärlek.

Oskuldsfullhet är det stadie då man är ren och obefläckad i ens handlingar och hjärtat har inga fel. När man kan offra sig själv med denna hjärtas renhet, är det kalcedonens andliga hjärta.

Uppoffrande kärlek är den slags kärlek som aldrig ber om något tillbaka när den ges ut för Guds rättfärdighets och rikes skull. Om man har uppoffrande kärlek kommer man vara tillfredsställd enbart med det faktum att man älskar andra i alla slags situationer och man söker aldrig att få något tillbaka. Det beror på att andlig kärlek inte söker sitt eget bästa utan andras.

Med köttslig kärlek kommer man istället känna sig tom, ledsen och bedrövad om kärleken inte återgäldas av andra eftersom den här sortens kärlek i sin essens är självisk. Därför kan den som har köttslig kärlek och som saknar det uppoffrande hjärtat till slut hata andra eller bli fiende till de som han brukade stå nära.

Därför behöver vi inse att sann kärlek är den kärlek som Herren har, som älskade hela mänskligheten och blev ett försoningsoffer.

Uppoffrande kärlek som inte förväntar sig något tillbaka

Vår Herre Jesus, som till sin natur är Gud, gjorde sig själv till ingenting, och ödmjukade sig och kom till jorden i köttet för att frälsa hela mänskligheten. Han föddes i ett stall och lades i en krubba för att frälsa människor som är som djuren, och levde ett fattigt liv hela sitt liv för att rädda oss från fattigdom. Jesus botade de sjuka, styrkte de svaga, gav hopp till de hopplösa, och blev vän med de bortstötta. Han visade oss bara godhet och kärlek men för det blev Han hånad, piskad och till slut korsfäst, bärande törnekronan på sitt huvud, genom de ondas händer som inte insåg att Han hade kommit som vår Frälsare.

Även när han led av smärtan från korsfästelsen bad Jesus till Gud Fadern i kärlek för de som hånade och korsfäste Honom. Han var oklanderlig och fläckfri men offrade sig själv för människor som är syndare. Vår Herre gav denna uppoffrande kärlek till hela mänskligheten och vill att alla ska älska varandra. Därför ska inte vi, som har tagit emot denna kärlek från Herren, vilja ha eller förvänta oss att få något tillbaka, om vi verkligen älskar andra.

Rut som visade uppoffrande kärlek

Rut var inte en israelisk kvinna utan en moabitisk. Hon gifte sig med en av Naomis söner som hade kommit till Moabs land för att undkomma hungersnöden i Israel. Naomi hade två söner och bägge två gifte sig med moabitiska kvinnor. Men bägge sönerna dog där. När Naomi under dessa förhållanden hörde att hungersnöden i Israel var över, ville hon återvända till Israel. Naomi föreslog för sina svärdöttrar att de skulle stanna i deras hemland Moab. En av dem vägrade först men gick sen ändå tillbaka till sina föräldrar till slut. Men Rut insisterade på att följa med sin svärmor.

Om Rut inte hade haft uppoffrande kärlek hade hon inte kunnat följa med. Rut skulle vara tvungen att hjälpa sin svärmor eftersom hon var mycket gammal. Hon skulle dessutom bo i ett land som var fullständigt främmande för henne. Det fanns ingen belöning för henne, trots att hon tjänade sin svärmor väldigt väl.

Rut visade sin uppoffrande kärlek till sin svärmor som hon inte hade något blodsband till och som egentligen var som en främling för henne. Det var för att Rut också trodde på den Gud som hennes svärmor trodde på. Det betyder att Ruts uppoffrande kärlek inte bara kom från hennes pliktkänsla. Det var andlig kärlek som kom från tro på Gud.

Rut kom till Israel med sin svärmor och arbetade mycket hårt. På dagen var hon vid fälten för att samla in mat och servera sin svärmor med. Denna genuina godhetshandling blev naturligtvis välkänd för folket där. Det ledde till slut till att Rut fick många välsignelser genom Boas, som var släktens återlösare bland hennes svärmors släktingar.

Många människor tror att om de ödmjukar sig och offrar sig

kommer deras värde också att sjunka. Det är därför de inte kan offra eller ödmjuka sig själva. Men de som offrar sig själva utan själviska motiv, med rena hjärtan, kommer att uppenbaras inför Gud och folken. Godheten och kärleken kommer att skina för andra som andliga ljus. Gud liknar ljuset från denna uppoffrande kärlek med ljuset från en kalcedon, den tredje grundstenen.

4. Smaragd: Rättfärdighet och renhet

Smaragd är den fjärde grundstenen i Nya Jerusalems murar och den är grön och symboliserar naturens mildhet och skönhet. Smaragden symboliserar andligt sett rättfärdighet och renhet och representerar ljusets frukt som finns nedskrivet i Efesierbrevet 5:9 där det står, *"för ljusets frukt består i allt vad godhet, rättfärdighet och sanning heter."* Färgen som harmoniserar med "allt vad godhet, rättfärdighet och sanning heter" är den samma som det andliga ljuset från smaragden. Bara när vi har allt vad godhet, rättfärdighet och sanning heter kan vi ha sann rättfärdighet i Guds ögon.

Det går inte att ha godhet men sakna rättfärdighet eller bara ha rättfärdighet och sakna godhet. Godheten och rättfärdigheten måste dessutom stämma överens med sanningen. Sanning är något som aldrig förändras. Även om vi därför har godhet och rättfärdighet är det meningslöst utan sanningsenlighet.

Den "rättfärdighet" som Gud erkänner är att göra sig av med synder, helt och hållet hålla budorden som finns i Bibeln, rena sig från all slags orättfärdighet, vara trofast hela ens liv, och annat sådant. Att söka Guds rike och rättfärdighet efter Guds vilja, göra rättframma och självbehärskade handlingar och inte göra avkall på rättvisan, stå stadigt på den rätta sidan och allt annat som hör till "rättfärdighet" erkänns av Gud.

Oavsett hur mjuka och goda vi själva tycker att vi är kommer vi inte bära ljusets frukt om vi inte är rättfärdiga. Om någon tar strupgrepp på din far och förolämpar honom fast han är oskyldig, om du då är tyst och bara ser på när din far lider kan vi inte kalla det sann rättfärdighet; du gör inte vad en son ska göra för sin far.

Därför är godhet som saknar rättfärdighet inte andlig "godhet" i Guds ögon. Hur kan ett bedrägligt och obeslutsamt sinne vara bra? Omvänt kan inte heller rättfärdighet utan godhet vara "rättfärdighet" i Guds ögon utan bara i ens egna ögon.

Davids rättfärdighet och renhet

David var Israels andra kung, direkt efter Saul. När Saul var kung stred Israel mot filistéerna. David behagade Gud med sin tro och besegrade Goliat. På grund av det vann Israel segern.

Och när folket efter detta uppskattade David försökte Saul döda David på grund av sin avundsjuka. Saul hade redan blivit övergiven av Gud eftersom han hade varit arrogant och olydig. Gud hade lovat att Han skulle göra David kung i Sauls ställe.

I denna situation behandlade David Saul med godhet, rättfärdighet och sanning. Fast han var oskyldig var David tvungen att fly från Saul som under en lång tid försökte döda honom. David fick en mycket stor möjlighet att döda Saul.

Stridsmännen som var med David var glada och ville döda Saul, men David stoppade dem från att döda honom.

1 Samuelsboken 24:7 säger, *"Han sade till sina män: 'HERREN förbjude att jag skulle göra detta mot min herre, mot HERRENS smorde, att jag skulle räcka ut min hand mot honom. Han är ju HERRENS smorde.'"*
Trots att Saul hade övergivits av Gud kunde David inte skada Saul som hade blivit smord till kung av Gud. Eftersom makten att låta Saul leva eller dö var i Guds händer överträdde inte David den gränsen. Gud säger att ett hjärta som Davids är rättfärdigt.

Hans rättfärdighet blev synlig tillsammans med en godhet som berörde. Saul försökte döda honom men David skonade Sauls liv. Det är en oerhört stor godhet. Han lönade inte ont med ont utan med goda ord och gärningar. Denna godhet och rättfärdighet stämde med sanningen, vilket innebär att det härstammade från sanningen själv.

När Saul förstod att David hade skonat hans liv blev han berörd av godheten och såg först ut att ha förändrats i hjärtat. Men snart förändrades hans tankar igen och han försökte återigen döda David. Än en gång fick David möjlighet att döda Saul, men som förra gången lät han Saul leva. David visade en godhet och rättfärdighet som inte förändras och som kan bli erkänd av Gud.

Om David hade dödat Saul den första gången han fick möjlighet, hade han kunnat bli kung snabbare och inte behövt gå igenom så mycket lidande? Javisst kunde han ha blivit det.

Även om vi måste gå igenom mer lidanden och svårigheter i livet behöver vi ha det hjärta som väljer Guds rättfärdighet. Och när vi väl blir erkända av Gud att vi är rättfärdiga, då kommer nivån där Gud står bakom oss att vara en helt annan.

David dödade inte Saul genom egen hand. Saul dödades av hedningarna. Och som Gud hade lovat honom blev David kung över Israel. Efter att David hade blivit kung kunde han dessutom göra landet till en väldigt stark nation. Det mest grundläggande skälet till det är att Gud hade stort behag till det rättfärdiga och rena hjärta som David hade.

Vi behöver på samma sätt vara harmoniska och fullkomliga i godhet, rättfärdighet och sanning så att vi kan bära ljusets överflödande frukt – smaragdens frukt, den fjärde grundstenen som utger rättfärdighetens doft som Gud har behag till.

5. Sardonyx: Andlig trofasthet

Sardonyx är den femte grundstenen i Nya Jerusalems murar och symboliserar andligt sett trofasthet. Om vi bara gör det som förväntas av oss att göra kan vi inte säga att vi är trogna. Vi kan kalla oss trogna när vi gör mer än vad som förväntas att vi ska göra. För att kunna göra mer än vad som är ålagt oss kan vi inte vara lata. Vi måste vara uthålliga och arbeta hårt i allt när vi gör våra uppgifter och sedan måste vi göra mer än det vi är ålagda att göra.

Om du var en anställd, om du då bara gjorde ett bra arbete, kan man då säga att du är trofast? Du har bara gjort det du skulle göra, och därför kan man inte säga att du är hårt arbetande och trofast. Du behöver inte bara fullgöra det arbete som åligger dig att göra, utan också försöka göra sådant som inte från början gavs till dig att göra, och göra det med hela ditt hjärta och hela ditt sinne. Bara då kan man säga att du är trofast.

Det trogna hårda arbete som Gud erkänner är att man gör sina uppgifter av hela ens hjärta, sinne, själ och liv. Och denna slags trofasthet måste finnas på alla livets områden: i församlingen, på arbetsplatsen och i familjen. Då kan vi säga att du är betrodd i hela Guds hus.

Att vara trofast andligt sett

För att vara trofast andligt sett behöver vi först ha ett rättfärdigt hjärta. Vi behöver längta efter att Guds rike ska utbreda sig, att församlingen ska få väckelse och växa, att arbetsplatsen ska ha framgång och att våra familjer ska vara lyckliga. Om vi inte bara söker vårt eget bästa utan längtar efter att det ska gå bra för andra och samhället är det att ha ett rättfärdigt hjärta.

För att vara trofast behöver vi, tillsammans med det rättfärdiga hjärtat, ha ett uppoffrande hjärta. Om vi bara tycker, "Det viktigaste är att det ska gå bra för mig, oavsett om församlingen växer eller inte" kommer vi förmodligen inte att offra något för församlingen. Vi kan inte finna trofasthet i en sådan person. Gud kan inte heller säga att ett sådant hjärta är ett rättfärdigt hjärta.

Om vi förutom att ha denna rättfärdighet också har ett uppoffrande hjärta, kommer vi arbete troget för själars frälsning och för församlingen. Även om vi inte har någon särskild uppgift kommer vi uthålligt predika evangeliet. Även om ingen ber oss om att göra det kommer vi ta hand om andra själar. Vi kommer också offra vår fritid på att ta hand om själarna. Vi kommer också spendera våra egna pengar på att det ska gå bra för andra och ge dem all vår kärlek och trofasthet.

För att kunna vara trogna på alla områden behöver vi också ha godhet i hjärtat. De som är goda i hjärtat kommer inte hänga sig fast vid bara en sida eller den andra. Om vi har struntat i något kommer vi inte känna oss väl till mods om vi inte har godhet i hjärtat.

Om du har godhet i hjärtat kommer du vara trofast i alla uppgifter du har. Du kommer inte strunta i den andra gruppen och tänka, "Eftersom jag är ledaren i den här gruppen kommer den andra gruppens medlemmar förstå varför jag inte kan gå på det där mötet." Du kommer känna det i din godhet att du inte skulle ha struntat i den andra gruppen. Så även om du inte kan vara med på mötet, kommer du göra något och visa omsorg för den andra gruppen också.

Hur mycket av den här attityden du har beror på hur mycket godhet du har i dig. Om du har lite godhet kommer du inte bry dig särskilt mycket om den andra gruppen. Men om du har större godhet kommer du inte bara ignorera den när något gör att du känner det i hjärtat. Du vet vilka handlingar som hör till godheten, och om du inte gör efter den godheten kommer det vara svårt för dig att stå ut med det. Du kommer bara ha frid när du gör sådant som är gott.

De som är goda i hjärtat kommer snart att känna av det i sina hjärtan om de inte gör vad de borde göra i varje situation, oavsett om det är på arbetsplatsen eller i hemmet. De kommer inte ens med ursäkter om att det var omständigheterna som gjorde att de inte kunde.

Om det till exempel finns en kvinnlig medlem med många titlar i församlingen. Hon tillbringar mycket tid i kyrkan. Det betyder alltså att hon spenderar mindre tid med sin man och sina barn än vad hon gjorde förut.

Om hon är riktigt god i hjärtat och trofast på alla områden, i det att den tid hon har blir mindre, måste hon ge sin man och sina barn mer kärlek och mycket mer omsorg om dem. Hon måste göra sitt bästa på alla områden och i alla uppgifter.

Då kommer människor runt henne känna av den sanningsenliga väldoften från hennes hjärta och bli tillfredsställda. Eftersom de känner godheten och sann kärlek kommer de försöka förstå och hjälpa henne. Det gör att hon kommer ha frid med alla. Det är att vara betrodd i hela Guds hus med ett gott hjärta.

Som Mose som var betrodd i hela Guds hus

Mose var en profet som blev erkänd av Gud till den grad att Gud talade med honom ansikte mot ansikte. Mose gjorde alla sina uppgifter helt och hållet för att göra allt det som Gud hade befallt, och tänkte inte alls på sina egna svårigheter. Israels folk fortsatte att klaga och vara olydiga när de mötte lite svårigheter, till och med efter att de hade fått se och uppleva Guds tecken och under, men Mose fortsatte att leda dem i tro och kärlek. Inte ens när Gud blev vred på Israels folk på grund av deras synd vände Mose sig bort från dem. Han gick tillbaka till HERREN och sade så här:

"O, detta folk har begått en stor synd. De har gjort sig en gud av guld. Men förlåt dem nu deras synd. Om inte, så utplåna mig ur boken som du skriver i" (2 Mosebok 32:31-32).

Han fastade å folkets vägnar, riskerade sitt liv och var trofast mer än vad Gud förväntade sig att han skulle vara. Det är därför som Gud erkände och stod bakom Mose och sade, *"Men så gör jag inte med min tjänare Mose. I hela mitt hus är han betrodd"* (4 Mosebok 12:7).

Trofastheten som sardonyx symboliserar handlar dessutom om att vara trofast ända till döden, som det står i Uppenbarelseboken 2:10. Det är bara möjligt när vi älskar Gud först av allt. Det är att ge all vår tid och våra pengar, och även vårt liv och göra mer än vad som förväntas av oss, med hela vårt hjärta och sinne.

Förr i tiden fanns det lojala trotjänare som assisterade kungen och var trofasta mot sin nation, även till den punkt då de fick offra sina egna liv. Om kungen var en tyrann skulle sanna och lojala trotjänare ge kungen råd att gå på den rätta vägen, även om detta enkelt kunde innebära att de fick offra sina liv. De kunde sändas i exil eller bli dödade, men de var lojala eftersom de älskade kungen och nationen, även om den kärleken skulle kräva deras liv.

Vi måste älska Gud först och göra mer än vad som förväntas av oss, på samma sätt som de lojala trotjänarna gav sina liv för nationen och på samma sätt som Mose var betrodd i hela Guds hus för att uppnå Guds rike och rättfärdighet. Därför behöver vi helga oss själva snabbt och vara trofasta på alla livets områden så att vi kan uppfylla kvalifikationerna för att komma in i Nya Jerusalem.

6. Karneol: Passionerad kärlek

Karneol har en genomskinlig, mörkröd färg och symboliserar den flammande solen. Det är den sjätte grundstenen i Nya Jerusalems murar och andligt sett symboliserar den passion, entusiasm och passionerad kärlek till att uppnå Guds rike och rättfärdighet. Det är hjärtat som trofast utför givna uppgifter och skyldigheter av hela ens styrka.

Olika nivåer av passionerad kärlek

Det finns många nivåer av kärlek och allmänt sett kan kärleken delas upp i andlig kärlek och köttslig kärlek. Andlig kärlek förändras aldrig eftersom den kommer från Gud, men köttslig kärlek förändras lätt, framför allt för att den är självisk.

Oavsett hur sann kärleken som världsliga människor kan ha, kan det aldrig vara andlig kärlek som är den kärlek Herren har som enbart kan fås i sanningen. Vi kan inte ha andlig kärlek direkt efter att ha accepterat Herren och börjat lära känna sanningen. Vi kan bara ha andlig kärlek efter att vi har uppnått samma hjärta som Herren har.

Har du denna andliga kärlek? Du kan undersöka dig själv med hjälp av definitionen på andlig kärlek som står i 1 Korintierbrevet 13:4-7.

Kärleken är tålig och mild. Kärleken avundas inte, den skryter inte, den är inte uppblåst. Den beter sig inte illa, den söker inte sitt, den brusar inte upp, den tänker inte på det onda. Den gläder sig inte över orätten men gläds med sanningen. Allt bär den, allt tror den, allt hoppas den, allt uthärdar den.

Om vi till exempel är tåliga men är själviska, eller vi brusar inte lätt upp men är oförskämda har vi ännu inte den andliga kärlek som Paulus skriver om; vi får inte brista i något för att ha andlig kärlek.

Om du å ena sidan fortfarande har en känsla av ensamhet eller tomrum även om du tror att du har andlig kärlek, är det för att du vill ha något tillbaka utan att du har insett det. Ditt hjärta har ännu inte blivit helt fyllt med den andliga kärlekens sanning.

Om du å andra sidan är fylld med andlig kärlek kommer du aldrig känna dig ensam eller tom, utan alltid vara glad, lycklig och tacksam. Andlig kärlek gläder sig över att ge: ju mer du ger desto gladare, tacksammare och lyckligare kommer du bli.

Andlig kärlek gläder sig i att ge sig själv

Romarbrevet 5:8 säger oss, *"Men Gud bevisar sin kärlek till oss genom att Kristus dog för oss medan vi ännu var syndare."*

Gud älskar Jesus, sin Enfödde Son så mycket eftersom Jesus är sanningen själv som är en exakt avbild av Gud själv. Ändå gav Han sin Enfödde Son som ett försoningsoffer. Så stor och dyrbar Guds kärlek är!

Gud demonstrerade sin kärlek för oss genom att Han offrade sin Enfödde Son. Det är därför det står i 1 Johannes brev 4:16, *"Och vi har lärt känna den kärlek som Gud har till oss och tror på den. Gud är kärlek. Den som förblir i kärleken förblir i Gud, och Gud förblir i honom."*

För att kunna komma in i Nya Jerusalem måste vi ha Guds kärlek med vilken vi kan offra oss själva, och med vilken vi gläder oss i att ge så att vi kan producera beviset som vittnar om vårt liv i Gud.

Aposteln Paulus passionerade kärlek för själar

Den bibliska personen som har det här passionerade hjärtat som karneol och överlät sig själv till Guds rike är aposteln Paulus. Från den stund han mötte Herren tills han dog förändrades aldrig hans kärleksgärningar till Herren. Som hedningarnas apostel frälste han många själar och startade många församlingar på tre missionsresor. Ända tills han fick lida martyrdöden i Rom vittnade han hela tiden om Jesus Kristus.

Som hedningarnas apostel var Paulus väg väldigt svår och farlig. Han fick vara med om många livshotande situationer och judarna förföljde honom hela tiden. Han blev misshandlad och kastad i fängelse, och han led skeppsbrott tre gånger. Han var ofta sömnlös, hungrig och törstig och han stod ut med både kallt och varmt väder. Under hans missionsresor fanns det alltid många situationer som var svåra för en människa att klara av.

Men trots det ångrade Paulus aldrig sitt val. Han hade aldrig några tankar som "Det är svårt och jag vill vila, om än bara för en liten stund..." Hans hjärta vacklade aldrig och han fruktade aldrig något. Trots att han gick igenom så många svårigheter var hans första prioritet omsorgen om församlingen och de troende.

Det är precis som han proklamerade i 2 Korintierbrevet 11:28-29, *"Utöver allt annat har jag det dagliga ansvaret, omsorgen om alla församlingarna. Vem är svag utan att jag blir svag? Vem faller utan att det bränner i mig?"*

Inte förrän han till slut gav till och med sitt liv visade Paulus passion och nit när han arbetade ihärdigt för själars frälsning. Vi kan se hur passionerad hans längtan var för att själarna skulle bli frälsta i Romarbrevet 9:3 där det står, *"Jag skulle önska att jag själv var fördömd och skild från Kristus i stället för mina bröder, mina landsmän efter köttet."*
Här handlar "mina bröder" inte bara om hans biologiska syskon. Det handlade om alla israeliter, även de judar som förföljde honom. Han sade att han till och med kunde välja att hamna i helvetet om bara de kunde ta emot frälsning. Vi kan se hur stor hans passionerade kärlek var för själarna och hur stor hans iver var för deras frälsning.

Denna passionerade kärlek till Herren, nitälskan och det ihärdiga arbetet för andra själars frälsning representeras av karneolens röda färg.

7. Krysolit: Barmhärtighet

Krysolit är den sjunde grundstenen i Nya Jerusalems murar. Den är en genomskinlig eller halvt genomskinlig sten som har en gul, grön, blå och rosa färg, ibland verkar den vara helt genomskinlig.

Vad symboliserar krysoliten andligt sett? Den andliga betydelsen av barmhärtighet är att i sanning förstå någon som inte kan förstås av alla och att i sanning förlåta någon som inte kan bli förlåten av alla. Att förstå och förlåta "i sanning" är att förstå och förlåta med kärlek i godhet. Barmhärtigheten med vilken vi kan omfamna andra med kärlek är barmhärtigheten som symboliseras av krysolit.

De som har denna barmhärtighet har inga fördomar. De tänker inte, "Jag gillar inte honom på grund av det här. Jag gillar inte henne på grund av det där." De tycker inte illa om eller hatar någon. Och förstås så har de inga fiender.

De försöker att bara se på och tänka på allt på ett underbart sätt. De bara omfamnar alla. Så även när de möter en person som har begått en allvarlig synd, visar de enbart medlidande. De hatar synden, men inte syndaren. De förstår honom hellre och omfamnar honom. Det är barmhärtighet.

Barmhärtighetens hjärta uppenbarad genom Jesus och Stefanus

Jesus visade sin barmhärtighet mot Judas Iskariot som tänkte förråda Honom. Jesus visste från början att Judas Iskariot skulle förråda Honom. Ändå utestängde inte Jesus honom eller höll honom på avstånd. Han tyckte inte heller illa om eller hatade honom i sitt hjärta. Jesus älskade honom ända till slutet och Han gav Judas möjligheter att vända om. Ett sådant hjärta är ett barmhärtigt hjärta.

Även när Jesus naglades fast vid korset klagade Han inte över något eller uttryckte hat. Istället bad han för de som skadade och sårade Honom som det står i Lukas 23:34, *"Far, förlåt dem, för de vet inte vad de gör."*

Stefanus hade också den här barmhärtigheten. Fastän

Stefanus inte var en apostel var han full av nåd och kraft. Onda människor var avundsjuka på honom och stenade till sist honom till döds. Men medan han stenades bad han istället för de som dödade honom. Det står i Apostlagärningarna 7:60, "... *föll han på knä och ropade med hög röst: 'Herre, ställ dem inte till svars för denna synd!' Med de orden somnade han in.*"

Det faktum att Stefanus bad för de som dödade honom bevisar att han redan hade förlåtit dem. Han hade inget hat mot dem. Det visar oss att han hade den fullkomliga frukten av barmhärtighet som har medlidande med sådana människor.

Om det finns någon som du hatar eller som du inte tycker om bland dina familjemedlemmar eller syskon i tron eller kollegor på jobbet, eller om det finns någon om vilken du tänker, "Jag tycker inte om hans attityd. Han trycker alltid ner mig och jag gillar honom inte" eller om du bara ogillar och håller dig borta från någon av olika orsaker, hur långt bort från barmhärtighet är inte det?

Vi ska inte ha någon som vi ogillar eller hatar. Vi behöver kunna förstå, acceptera och visa godhet mot alla. Gud Fadern visar oss barmhärtighetens skönhet med juvelen krysolit.

Ett barmhärtighet hjärta som omfamnar allt

Vad är då skillnaden mellan kärlek och barmhärtighet?

Andlig kärlek är att offra sig själv utan att söka sitt eget bästa eller sina egna intressen och att inte vilja ha något tillbaka, medan barmhärtighet lägger mer vikt vid förlåtelse och tolerans. Barmhärtighet är med andra ord hjärtat som förstår och som inte hatar ens den som inte kan förstås eller älskas. Barmhärtighet hatar inte och föraktar inget men styrker och tröstar andra. Om du har ett sådant varmt hjärta kommer du inte peka ut andras fel och misstag utan istället omfamna dem så att du kan ha goda relationer med dem.

Hur ska vi då handla gentemot onda människor? Vi måste komma ihåg att vi själva en gång var onda men kom till Gud eftersom någon ledde oss till sanningen i kärlek och förlåtelse.

Och när vi kommer i kontakt med lögnare glömmer vi ofta att vi också förut ljög för att få egna fördelar, innan vi trodde på Gud. Istället för att undvika sådana människor borde vi visa vår barmhärtighet så att de kan vända om från deras onda vägar. Bara när vi förstår och leder dem med tolerans och kärlek, tills de inser sanningen, kan de förändras och komma in i sanningen.

Barmhärtighet behandlar också alla på samma sätt utan förutfattade meningar, förolämpar ingen och försöker förstå allt på ett gott sätt, oavsett om du tycker om det eller inte.

8. Beryll: Tålamod

Beryll är den åttonde grundstenen i Nya Jerusalems murar och har en blå eller mörkgrön färg och påminner oss om det blåa havet. Vad symboliserar beryll andligt sett? Det symboliserar tålamodet i allt när det handlar om att uppnå Guds rike och Hans rättfärdighet. Beryll står för uthållighet i kärlek, även mot dem som förföljer, förbannar och hatar dig och att du inte hatar, bråkar eller strider mot dem som gör så.

Jakobs brev 5:10 uppmanar oss så här, *"Bröder, ta profeterna som talade i Herrens namn till föredömen i att lida och vara tåliga."* Vi kan förändra andra när vi har tålamod med dem.

Tålamod som en av frukterna från den Helige Ande och av andlig kärlek

Vi kan läsa om tålamod som en av de nio frukterna från den Helige Ande i Galaterbrevet 5, och som en frukt av kärleken i 1 Korintierbrevet 13. Är det någon skillnad mellan tålamodet som en frukt av den Helige Ande och tålamodet som en frukt av kärleken?

Å ena sidan är tålamod som en frukt av kärleken det tålamod man får när man står ut med en personlig strid, man har tålamod med de som förolämpar en eller genom många svårigheter man får utstå i livet. Å andra sidan är tålamodet som är en frukt från den Helige Ande tålamod i sanning och tålamod inför Gud i allt.

Därför har tålamodet som är en frukt av den Helige Ande en bredare innebörd och inkluderar både tålamod som handlar om personliga saker och om sådant som har med Guds rike och Hans rättfärdighet att göra.

Olika sorters tålamod i sanningen

Tålamodet för att uppnå Guds rike och rättfärdighet kan delas upp i tre kategorier.

Den första är tålamod mellan Gud och oss. Vi måste ha tålamod tills Guds löfte är uppfyllt. Gud Fadern är trofast; har Han en gång sagt något kommer Han göra det utan att ändra sig.

Om vi därför har fått ett löfte från Gud måste vi ha tålamod tills det är uppfyllt.

Och om vi har bett Gud om något måste vi ha tålamod tills svaret kommer. En del troende säger så här, "Jag ber hela natten och fastar till och med, och ändå kommer det inget svar." Det är precis som en bonde som sår säden och som snart därefter gräver upp det ur jorden eftersom det inte kommer någon frukt direkt. Om vi har sått säden måste vi ha tålamod till dess den skjuter skott, växer upp, blommar och sedan bär frukten.

En bonde drar upp ogräs och skyddar grödan från skadliga insekter. Han jobbar mycket hårt för att få god frukt. På samma sätt måste vi, för att få svar på det vi har bett om, göra saker för att det ska ske. Vi måste uppfylla ett korrekt mått efter krav som de sju Andarna har – vad gäller tro, glädje, bön, tacksamhet, hårt arbetande trofasthet, hålla budorden och kärlek.

Gud svarar oss bara direkt om vi uppfyller villkoren för hur mycket som krävs efter det mått av tro vi har. Vi måste förstå att tiden i tålamod gentemot Gud är tiden då vi tar emot ett mer fullkomligt svar, så låt oss glädja oss och tacka än mer.

För det andra finns det tålamod mellan människor. Den andliga kärlekens tålamod hör till det här tålamodet. För att älska alla slags människor i alla slags mänskliga relationer krävs tålamod.

Vi måste ha tålamod till att tro på alla slags individer, stå ut med honom, och hoppas att det kommer gå bra för honom. Även om han gör något som går stick i stäv med vad vi har förväntat oss, måste vi ha tålamod i allt. Vi måste förstå, vara accepterande, förlåta, ge med oss och vara tålmodiga.

De som försöker evangelisera till många människor kommer säkerligen få vara med om att bli förbannade och förföljda. Men om de har tålamod i sina hjärtan kan de besöka de själarna igen med leenden på sina ansikten. Med kärlek till att frälsa dessa själar fröjdar de sig och är tacksamma och ger aldrig upp. När de visar den här sortens tålamod med godhet och kärlek till en person som blir evangeliserad försvinner mörkret från honom på grund av det ljuset och personen kan öppna sitt hjärta, acceptera det och ta emot frälsning.

För det tredje finns det tålamod till att förändra hjärtat.

Att förändra vårt hjärta är att dra upp osanningar och ondska från våra hjärtan och att plantera sanning och godhet istället. Processen att förändra vårt hjärta liknar det att röja en åker. Vi måste ta bort stora stenar och dra upp ogräs. Ibland måste vi plöja jorden. Sedan kan den bli en god åker och allt vi sår kommer att växa och bära frukt.

Det är på samma sätt med människans hjärta. Efter hur mycket ondska vi hittar i vårt hjärta och gör oss av med det, kan vi ha en god hjärteåker. När sedan Guds Ord sås kan det skjuta skott, växa bra och bära frukt. Och precis som vi måste svettas och arbeta hårt för att röja landet, måste vi göra det samma när vi förändrar vårt hjärta. Vi måste ihärdigt ropa ut i bön med all vår styrka och med hela vårt hjärta. Då kan vi ta emot den Helige Andes kraft till att plöja det köttsliga hjärtat som är som ett fruktlöst land.

Denna process är inte så lätt som man kan tro. Det är därför en del känner sig betungade, tappar modet och hamnar i förtvivlan. Därför behöver vi tålamod. Även om det verkar som om vi förändras mycket långsamt borde vi aldrig bli besvikna eller ge upp.

Vi behöver komma ihåg Herrens kärlek som dog på korset för oss, ta emot ny styrka och fortsätta kultivera hjärteåkern. Vi behöver också se fram emot Guds kärlek och välsignelser som Han kommer att ge till oss när vi helt och hållet har kultiverat vårt hjärta. Vi behöver också fortsätta arbeta med större tacksamhet.

Om vi inte har någon ondska i oss kommer termen "tålamod" inte ens vara nödvändig. Om vi på samma sätt bara har kärlek, förlåtelse och förståelse kommer det inte finnas något behov för "tålamod." Därför vill Gud att vi ska ha ett tålamod som gör att ordet "tålamod" inte behövs. Faktum är att Gud som är godhet och kärlek inte behöver tålamod. Ändå säger Han till oss att Han har "tålamod" med oss, för att hjälpa oss att förstå begreppet "tålamod." Vi måste förstå att ju fler karaktärsdrag vi måste ha tålamod med under vissa omständigheter, ju mer ondska i Guds ögon har vi i våra hjärtan.

Om vi inte har något att ha tålamod med efter att vi har uppnått den fullkomliga frukten av tålamod kommer vi alltid vara lyckliga, bara höra om goda nyheter här och där, och känna oss så lätta i våra hjärtan som om vi gick på moln.

9. Topas: Andlig godhet

Topas är den nionde grundstenen i Nya Jerusalems murar och är en genomskinlig, finskuren sten med röd-orange färg. Det andliga hjärtat som symboliseras av topas är andlig godhet. Godhet är de goda kvaliteterna som att vara vänlig, hjälpsam och ärlig. Men den andliga betydelsen av godhet har en djupare betydelse.

Det finns godhet bland den Helige Andes nio frukter också och det har samma betydelse som den godhet topas symboliseras. Den andliga betydelsen av godhet är att söka godheten i den Helige Ande.

Alla personer har en standard med vilken de bedömer vad som är rätt och fel eller vad som är gott och ont. Det kallas "samvete." Samvetets innehåll skiljer sig beroende på tidsåldern, länder och folk.

Standarden som används för att mäta hur stor den andliga godheten är detta enda: Guds Ord, som är sanningen. Att söka godhet utifrån vårt eget perspektiv är därför inte andlig godhet. Att söka godhet i Guds ögon, det är andlig godhet.

Matteus 12:35 säger, *"En god människa tar fram ur sitt goda förråd det som är gott."* På samma sätt kommer de som har andlig godhet i sig att automatiskt ta fram sådant som är gott. Var de än går och vem de än möter kommer goda ord och goda handlingar komma ut från dem.

Precis som de som sprayar parfym kommer sprida en behaglig doft, kommer en doft av godhet spridas från de som har godhet. De kommer alltså sprida Kristi godhets doft. Om vi därför bara söker godhet i hjärtat kan inte det kallas godhet. Om vi har hjärtat som söker godhet kommer vi automatiskt att sprida Kristi väldoft med goda ord och gärningar. På det här sättet kommer vi att visa moralisk dygd och kärlek till människor runt omkring oss. Det är godhet i sann, andlig bemärkelse.

Standarden för att mäta andlig godhet

Gud själv är god, och det står om godhet genom hela Bibeln, Guds Ord. Det finns också många verser i Bibeln som är mer specifik om sådant som är topasens färg, nämligen färgerna från den andliga godheten.

Först och främst står det i Filipperbrevet 2:1-4, *"Om ni nu har tröst hos Kristus, om ni får uppmuntran av hans kärlek, gemenskap i Anden och medkänsla och barmhärtighet, gör då min glädje fullkomlig genom att ha samma sinnelag och samma kärlek och vara ett i själ och sinne. Sök inte konflikt eller tom ära. Var i stället ödmjuka och sätt andra högre än er själva. Se inte till ert eget bästa utan också till andras."*

Om vi söker godheten i Herren kommer vi ha gemenskap med andra och hålla med dem i deras åsikter, även om det inte stämmer överens med våra egna tankar och vår egen karaktär. Vi kommer inte bråka om något. Vi kommer inte ha någon längtan efter att visa upp oss själva eller bli uppmärksammade av andra. Med enbart ödmjuka hjärtan kommer vi att se till andras bästa hellre än vårt eget, från djupet av våra hjärtan. Vi kommer vara trofasta i vårt arbete och göra allt på ett väldigt ansvarsfullt sätt. Vi kommer till och med kunna hjälpa andra med deras arbete.

Vi kan lätt se vem som har godhet i sitt hjärta utifrån den liknelsen om den barmhärtiga samariten som det står om i Lukas 10:25-37:

En man var på väg från Jerusalem ner till Jeriko

och råkade ut för rövare. De slet av honom kläderna och misshandlade honom, och sedan försvann de och lämnade honom där halvdöd. En präst råkade komma ner samma väg, och när han fick se mannen gick han förbi. På samma sätt var det med en levit. Han kom till platsen, såg mannen och gick förbi. Men en samarier som var på resa kom också dit, och när han såg mannen förbarmade han sig över honom. Han gick fram och hällde olja och vin i hans sår och förband dem. Sedan lyfte han upp honom på sin åsna, tog honom till ett värdshus och skötte om honom. Nästa dag tog han fram två denarer och gav till värdshusvärden och sade: Sköt om honom. Och kostar det mer ska jag betala när jag kommer tillbaka. Vem av dessa tre tycker du var en nästa för mannen som råkade ut för rövare? (Lukas 10:30-36)

Av prästen, leviten och samariten, vem var det som var en sann nästa och en kärleksfull person? Samarien kunde vara den sanna nästa till mannen som blev rånad eftersom han hade godhet i sitt hjärta så att han valde den rätta vägen, även om han ansågs vara en hedning.

Denne samarit kanske inte hade mycket kunskap i Guds Ord. Men vi kan se att han hade ett hjärta som följde godhet. Det betyder att han hade den andliga godheten som följer det som är gott i Guds ögon. Även om vi måste använda oss av vår egen tid och egna pengar måste vi välja det som är gott i Guds ögon. Det är andlig godhet.

Jesu godhet

En annan bibelvers som sprider ännu mer ljus på godheten och får den att bli tydligare är Matteus 12:19-20. Det handlar om Jesu godhet. Det står:

Han ska inte gräla eller ropa, ingen ska höra hans röst på gatorna. Ett brutet strå ska han inte krossa, en rykande veke ska han inte släcka, fram till det att han har fört rätten till seger.

Frasen "fram till det att han har fört rätten till seger" betonar att Jesus enbart handlade med ett gott hjärta under hela processen av korsfästelsen och uppståndelsen, och gav oss seger med sin frälsnings nåd.

Eftersom Jesus hade andlig godhet blev han aldrig förödmjukad och bråkade aldrig med någon. Han accepterade allt med den vishet som kommer från den andliga godheten och sanningens ord även när Han fick möta svåra och till synes oacceptabla situationer. Jesus konfronterade inte heller de som försökte döda Honom, inte heller försökte Han förklara eller bevisa sin oskuld. Han lämnade allt till Gud och uppnådde allt med sin vishet och sanning i den andliga godheten.

Andlig godhet är hjärtat som "inte krossar ett brutet strå eller släcker en rykande veke." Denna definition är en representativ referenspunkt för godheten.

De som har godhet grälar inte eller ropar. De kommer också visa sin godhet i sitt yttre uppträdande också. Som det står, "ingen ska höra hans röst på gatorna" kommer de som har godhet att sprida godhet och ödmjukhet på utsidan. Så fläckfri och fullkomlig Jesu vanor måste ha varit, i Hans sätt att gå, Hans gester och Hans språk! Ordspråksboken 22:11 säger, *"Den som älskar hjärtats renhet och talar vänligt får kungen till vän."*

Till att börja med representerar ett "brutet strå" de som har lidit av mycket i den här världen och som är sårade i sina hjärtan. Även när de söker Gud med ett fattigt hjärta kommer Gud inte att överge dem utan ta emot dem. Detta hjärta som Gud och Jesus har är godhetens absoluta höjdpunkt.

Det är vidare det samma med hjärtat som inte släcker en rykande veke. Om veken ryker betyder det att elden håller på att slockna men det finns fortfarande kvar en liten låga. Det här betyder alltså att "en rykande veke" är en person som är så fläckad av ondska att ljuset i hans ande håller på att "slockna." Även en sådan person kan, om han får den minsta möjligheten, ta emot frälsning och vi ska därför inte ge upp om honom. Det är godhet.

Vår Herre ger inte upp hoppet ens om de personer som lever i synd och som står emot Gud. Han knackar fortfarande på deras hjärtans dörr för att låta dem nå frälsning. Detta hjärta som vår Herre har är godhet.

Det finns människor som är likt brutna strån och som har rykande vekar i tro. När de faller för frestelser på grund av svag tro finns det en del som inte har styrka att komma tillbaka till kyrkan av sig själva. Kanske på grund av en del köttsliga ting som de inte har gjort sig av med än eller kanske de har orsakat skada för andra församlingsmedlemmar. Eftersom de är så ledsna och skäms över det känner de inte att de kan komma tillbaka till församlingen.

Därför behöver vi gå till dem först. Vi måste sträcka ut våra händer till dem och hålla deras händer. Det är godhet. Det finns också människor som först var i tro, men senare kommer efter i anden. En del av dem blir som "rykande vekar."

En del av dem vill bli älskade och uppmärksammade av andra men det sker inte. Därför blir de förkrossade och ondskan i dem kommer ut. De kanske blir avundsjuka på andra som går framåt i anden, och kanske till och med talar illa om dem. Det är som den rykande veken som ryker.

Om vi har sann godhet kommer vi också kunna förstå dessa människor och acceptera dem. Om vi försöker diskutera vad som är rätt och fel och få andra människor att ge sig är det inte godhet. Vi måste behandla dem väl med sanningsenlighet och kärlek, även de som visar ondska. Vi måste smälta och beröra deras hjärtan. När vi gör det är det en handling av godhet.

10. Krysopras: Självbehärskning

Krysopras är den tionde grundstenen i Nya Jerusalems murar och är den allra dyraste bland alla kalcedoner. Den har en halvgenomskinlig, mörkgrön färg och är en av de dyrbara stenarna som koreanska kvinnor ansåg vara väldigt värdefulla förr i tiden. För dem symboliserade den kvinnors renhet och kyskhet.

Vad symboliserar krysopras andligt sett? Det står för självbehärskning. Det är bra att ha överflöd av allt i Gud, men det måste finnas självbehärskning för att allt ska bli vackert. Självbehärskning är också en av den Helige Andes nio frukter.

Självbehärskning att uppnå fullkomlighet

Titus 1:7-9 berättar för oss villkoren för att vara en församlingsledare och ett av de villkoren är självbehärskning. Om en person som saknar självbehärskning blir en församlingsledare, vad skulle han kunna uppnå med sitt okontrollerade liv?

I allt vi gör för och i Herren behöver vi kunna skilja sanning från lögn och följa den Helige Andes vilja med självbehärskning. Om vi kan höra den Helige Andes röst kommer vi ha framgång i allt vi gör eftersom vi har självbehärskning. Om vi inte har självbehärskning kommer vi dock göra fel och vi kanske till och med råkar ut för olyckor, både naturkatastrofer och katastrofer orsakade av människan, sjukdomar och annat sådant.

Frukten självbehärskning är på samma sätt så betydelsefull att den är ett måste för att kunna uppnå fullkomlighet. Efter hur mycket vi bär kärlekens frukt kan vi bära glädjens, fridens, tålamodets, vänlighetens, godhetens, trohetens och mildhetens frukt och dessa frukter fulländas av självbehärskningen.

Självbehärskning kan jämföras vid vår kropps anus. Trots att det är litet har det en väldigt viktig uppgift i vår kropp. Vad händer om det förlorar sin kontraktionsförmåga? Avföring kommer inte kunna kontrolleras och vi kommer bli smutsiga och oanständiga.

Om vi på samma sätt förlorar vår självbehärskning kan allt bli en enda röra. Människor lever i osanning eftersom de inte kan behärska sig själva andligt. På grund av det får de möta prövningar och kan inte bli älskade av Gud. Om vi inte kan behärska oss fysiskt kommer vi göra sådant som är orättfärdig och olagligt eftersom vi kommer äta och dricka oss berusade så mycket vi vill och skapa oreda i våra liv.

Johannes Döparen

Ett bra exempel på självbehärskning bland de bibliska karaktärerna är Johannes Döparen.

Johannes Döparen var väldigt klar med varför han kom till den här jorden. Han visste att han måste förbereda vägen för Jesus som är det sanna Ljuset. Så till dess att han hade fullgjort denna uppgift levde han helt och hållet avskild från denna värld. Han beväpnade sig själv enbart med bönen och Ordet medan han var i ödemarken. Han åt bara gräshoppor och vildhonung. Det var ett väldigt avskilt och strikt kontrollerat liv. Genom det livet blev han redo för att förbereda vägen för Herren, och uppfylla det helt och hållet.

I Matteus 11:11 sade Jesus detta om honom, *"Jag säger er sanningen: Bland dem som fötts av kvinnor har ingen trätt fram som är större än Johannes Döparen."*

Om någon nu tänker, "Åh, så nu måste jag gå långt upp på bergen eller hitta någon avskild plats och leva ett liv med självbehärskning!" bevisar det att en sådan person inte har självbehärskning och tolkar Guds Ord på sitt eget sätt och tänker för mycket.

Det är viktigt att du behärskar ditt hjärta i den Helige Ande. Om du ännu inte har nått den andliga nivån måste du kontrollera dina köttsliga begär och enbart följa den Helige Andes längtan. Och även när du har uppnått ande, måste du fortsätta kontrollera alla de andliga hjärtanes styrka eller kraft så att det blir till en fullkomlig harmoni och helhet. Denna självbehärskning syns med ljuset från krysopras.

11. Hyacint: Renhet och helighet

Hyacint är den elfte grundstenen i Nya Jerusalems murar, är en dyrbar sten som är genomskinlig och som har en blåaktig färg och som andligt sett symboliserar renhet och helighet.

"Renhet" här handlar om ett tillstånd då man inte har synd och att vara ren utan någon fläck eller skrynkla. Om någon duschar eller badar ett par gånger varje dag, kammar sitt hår och klär sig snyggt, kommer man säga om honom att han är ren och prydlig. Kommer även Gud säga att han är ren? Hur är en människa med ett rent hjärta och hur kan vi uppnå det rena hjärtat?

Ett rent hjärta i Guds ögon

Fariséerna och de skriftlärda tvättade sina händer innan de åt och följde de äldstes stadgar. När Jesu lärjungar inte gjorde det ställde de en fråga till Jesus för att anklaga Honom. I Matteus 15:2 står det, *"Varför bryter dina lärjungar mot de äldstes stadgar? De tvättar inte händerna innan de äter."*

Jesus lärde dem vad renhet verkligen är. I Matteus 15:19-20 står det, *"För från hjärtat kommer onda tankar, mord, äktenskapsbrott, sexuell omoral, stöld, falskt vittnesbörd och hädelser. Sådant gör människan oren. Men att äta utan att tvätta händerna gör inte människan oren."* Renheten i Guds ögon är att inte ha någon synd i hjärtat. Renhet är när vi har ett hjärta som är rent utan fläck, skrynkla eller prick. Vi kan tvätta våra händer och vår kropp med vatten, men hur kan vi rena vårt hjärta? Vi kan tvätta det med vatten också. Vi kan rena det genom att tvätta det med det andliga vattnet som är Guds ord. Hebreerbrevet 10:22 säger, *"Låt oss därför gå fram med ärligt hjärta i trons fulla visshet, med hjärtat renat från ont samvete och med kroppen badad i rent vatten."* Vi kan ha rena och sanna hjärtan efter hur mycket vi handlar i enlighet med Guds Ord.

När vi lyder allt som Bibeln säger till oss att göra oss av med och vad vi inte ska göra kommer osanningen och ondskan tvättas bort från våra hjärtan. Och när vi lyder allt som Bibeln befaller oss att göra och hålla, kan vi undvika att bli fläckade av den här världens synder och ondska på nytt och konstant få mer av det rena vattnet. På det här sättet kan vi bevara våra hjärtan rena.

Matteus 5:8 säger, *"Saliga är de renhjärtade, för de ska se Gud."* Gud har sagt till oss vilka välsignelser de som är renhjärtade ska få. Det är att de ska se Gud. De som är renhjärtade kommer att se Gud ansikte mot ansikte i himmelriket. De kan åtminstone komma till det Tredje kungariket eller till och med komma in i Nya Jerusalem.

Men den verkliga betydelsen av att "se Gud" är inte bara att se Gud. Det betyder att vi alltid kan möta Gud och ta emot hjälp från Honom. Det betyder att vi lever ett liv där vi kan tala med

Gud, redan här på jorden.

Hanok uppnådde ett rent hjärta

1 Moseboks femte kapitel berättar om Hanok som kultiverade ett rent hjärta och vandrade med Gud här på jorden. I 1 Mosebok 5:21-24 kan vi läsa att Enok vandrade tre hundra år med Gud från den tiden han blev far till Metusela vid 65 års ålder. Sedan står det i vers 24, *"Sedan Hanok på detta sätt hade vandrat med Gud fanns han inte mer, ty Gud hämtade honom"*, han togs levande upp till himlen.

Hebreerbrevet 11:5 talar om varför han kunde tas upp till himlen utan att möta döden, där det står, *"Genom tron blev Henok hämtad utan att möta döden, och man fann honom inte mer, för Gud hade hämtat honom. Innan han hämtades fick han vittnesbörd om att han hade behagat Gud."*

Hanok behagade Gud genom att kultivera ett sådant rent hjärta som var utan synd, till den grad att han inte behövde möta döden. Och till slut togs han upp till himlen levande. Han var 365 år då, men i de dagarna brukade man leva i mer än 900 år. Med dagens mått tog Gud hem Hanok i sina mest vitala ungdomsår.

Det var för att Hanok var så älskad i Guds ögon. Istället för att låta honom vara kvar på jorden ville Gud att Hanok skulle vara nära Honom i himmelriket. Vi kan tydligt se hur mycket Gud älskar och gläder sig över de som har rena hjärtan.

Men inte ens Hanok blev helgad över en natt. Han gick också igenom olika slags prövningar till dess han var 65 år. I 1 Mosebok

5:19 kan vi se att Jared, Hanoks far, födde barn i 800 år efter Hanoks födsel så vi kan förstå att Hanok hade många bröder och systrar.

Det här lät Gud mig få veta när jag var i djup bön, att Hanok inte hade några problem med någon av sina syskon. Han ville aldrig ha mer än sina bröder; han var alltid tillmötesgående mot dem. Han ville aldrig bli mer uppmärksammad än sina bröder och systrar, och han gjorde alltid sitt bästa. Även när en del andra bröder blev älskade mer än han själv tyckte han inte det var obehagligt, vilket betyder att han inte hade någon avundsjuka. Hanok var dessutom alltid en lydig person. Han lyssnade inte bara på Guds Ord utan också på sina föräldrars ord. Han höll aldrig fast vid sin egen åsikt. Han hade inga självcentrerade begär och tog aldrig något personligt. Han levde i frid med alla.

Hanok kultiverade ett rent hjärta inom sig med vilket han kunde se Gud. När Hanok blev 65 nådde han nivån då han behagade Gud, och nu kunde han vandra med Gud.

Men det finns en viktigare orsak till varför han kunde vandra med Gud. Det är för att han älskade Gud och njöt väldigt mycket av att kommunicera med Gud. Han såg givetvis inte på något i den här världen som något han ville ha och han älskade Gud mer än någonting annat i den här världen.

Hanok älskade sina föräldrar och lydde dem, och det fanns frid och kärlek mellan honom och alla hans syskon, ändå var det Gud han älskade mest. Han njöt av att vara ensam och prisa Gud mer än att vara bland hans familj. Han saknade Gud när han tittade upp mot skyn och naturen och njöt av relationen han hade med Gud.

Det var så även innan Gud började vandra med honom, och från den stund då Gud började vandra med honom blev det ännu mer av det. Som det står i Ordspråksboken 8:17, *"Jag älskar dem som älskar mig, och de som söker mig, de finner mig"* älskade Hanok Gud och saknade Honom så mycket, och Gud vandrade med honom också.

Ju mer vi älskar Gud, desto renare kommer hjärtat att bli, och ju renare hjärta vi har desto mer kommer vi älska Gud och söka Honom. Det är behagligt att tala med och umgås med de som är rena i hjärtat. De kommer helt enkelt acceptera allt på ett rent sätt och tro på andra.

Vem skulle må dåligt eller känna sig obekväm med ett strålande leende från spädbarn? De flesta människorna känner sig väl till mods och ler när de ser småbarn. Det beror på barnens renhet som överförs till människorna och det piggar upp deras hjärtan också.

Gud Fadern känner det på samma sätt när Han ser en person med ett rent hjärta. Därför vill han träffa en sådan person mer och Han skulle vilja förbli hos honom.

12. Ametist: Skönhet och mildhet

Den tolfte och sista grundstenen i Nya Jerusalems murar är ametist. Ametist har en ljusviolett färg och är genomskinlig. Ametist har en sådan elegant och vacker färg att den har älskats av adelsmän sedan urminnes tider.

Gud tycker också att det andliga hjärtat som symboliseras av ametist är vackert. Det andliga hjärtat ametist symboliserar är mildhet. Denna mildhet finner vi i kärlekskapitlet, i Saligprisningarna och till och med i den Helige Andes nio frukter. Det är en frukt som helt klart bärs i en person som har fött anden genom den Helige Ande och som lever efter Guds Ord.

Mildhetens hjärta anses vackert av Gud

En ordbok definierar mildhet som ett karaktärsdrag av vänlighet, mildhet och mjukhet; [och] att man kan förmedla ett lugn. Men den mildhet Gud anser vara vacker är inte bara dessa karaktärsdrag.

De som har milda karaktärsdrag i köttet känner sig till viss del obekväma med människor som inte är milda. När de ser någon som är väldigt utåtagerande eller har en hård attityd, drar de sig undan och kan till och med tycka att det är svårt att interagera med en sådan person. Men en person som är andligt mild kan acceptera alla slags personer med alla slags personligheter. Det är det som skiljer köttslig mildhet från andlig.

Vad är då andlig mildhet, och varför anser Gud att den är vacker?

Att vara andligt mild är att ha en mild och varm personlighet tillsammans med ett stort hjärta som kan acceptera alla. Det är någon som har ett hjärta som är så mjukt och mysigt som bomull att många människor kan finna vila i honom. Det är också någon som kan förstå allt i godhet och omfamna och acceptera allt i kärlek.

Och det finns en sak som inte kan saknas om man har andlig godhet. Det är en dygdig karaktär tillsammans med ett stort hjärta. Om vi bara har väldigt varma och mjuka hjärtan inom oss betyder det egentligen ingenting. Då och då, när det är nödvändigt, behöver vi kunna uppmuntra och ge råd till andra, visa gärningar av godhet och kärlek. När vi har en dygdig karaktär kan vi styrka andra, låta dem känna värmen och finna vila i våra hjärtan.

En andligt mild person

De som har sann andlig mildhet har inga fördomar om någon. Därför hamnar de inte i problem och de kommer inte på kant med någon. Den andra personen kommer också känna värmen från detta hjärta och därför kan han finna vila och frid i sinnet när han känner att han blir så varmt omfamnad. Denna andliga mildhet är som ett stort träd som förser en stor, svalkande skugga på en het sommardag.

Om mannen accepterar och omfamnar alla sina familjemedlemmar med ett stort hjärta kommer hustrun respektera och älska honom. Om hustrun också har ett hjärta mjukt som bomull kommer hon kunna ge tröst och frid till sin man, så att de kan vara ett väldigt lyckligt par. Barnen som växer upp i en sådan familj kommer inte falla bort från tron ens när de får möta svårigheter. Eftersom de kan bli styrkta i familjens fridfullhet, kan de övervinna svårigheter och växa upp och bli respektabla och ha god hälsa.

Genom de som har kultiverat andlig mildhet kommer människor på samma sätt också kunna finna vila och känna sig lyckliga. Då kommer Gud Fadern också att säga att de som är andligt milda verkligen är vackra.

I den här världen använder människor olika sätt för att vinna andra människors hjärtan. De kanske ger bort materiella ting eller använder sin berömmelse eller makt i det sociala livet. Men med dessa köttsliga sätt kan vi inte i sanning vinna andra människors hjärtan. De kanske hjälper oss för tillfället på grund av deras egna behov, men eftersom de inte riktigt underordnar sig i sina hjärtan kommer de ändra sig när situationerna förändras.

Men människor kommer automatiskt att samlas runt en person som har andlig mildhet. De kommer underordna sig från sina hjärtan och vilja stanna kvar hos honom. Det beror på att de kan bli styrkta och känna ett välbehag genom en person med andlig mildhet som de aldrig skulle kunna känna i världen. Därför stannar många människor hos en person med andlig mildhet, och det blir en andlig auktoritet.

Matteus 5:5 talar om denna välsignelse att få många själar och säger att de kommer att ärva jorden. Det betyder att de kommer vinna människors hjärtan, som har skapats från jorden. Det leder till att de också kommer kunna få ett stort landområde i det eviga himmelriket. Eftersom de har omfamnat och lett många själar till sanningen, kommer de ta emot stora belöningar.

Det är därför Gud sade detta om Mose i 4 Mosebok 12:3, *"Mose var en mycket ödmjuk man, mer än någon annan människa på jorden."* Mose ledde uttåget. Han ledde fler än 2 miljoner människor under 40 år i öknen. Precis som föräldrar uppfostrar sina barn, omfamnade han dem i sitt hjärta och ledde dem efter Guds vilja.

Även när deras barn begår allvarliga synder kommer föräldrarna inte bara att överge dem. På samma sätt hade Mose till och med dessa människor som inte kunde hjälpa att bli övergivna i enlighet med lagen, och han ledde dem ända till slutet och bad Gud om att förlåta dem.

När du har bara en liten uppgift i församlingen kommer du förstå hur bra denna mildhet är. Inte bara uppgifter som handlar om att ta hand om själar, utan i alla slags uppgifter, kommer du inte ha några problem så länge du gör det med mildhet. Det finns inte två människor med likadant hjärta och samma tankar. Alla har vuxit upp under olika omständigheter och har olika personligheter. Deras tankar och åsikter kanske inte går ihop.

Men den som är mild kan acceptera andra med ett brett hjärta. Mildheten är att tömma sig själv och acceptera andra står ut på ett underbart sätt i en situation där alla hävdar att man själv har rätt.

Vi har lärt oss om alla andliga hjärtan som symboliseras av alla tolv grundstenarna i Nya Jerusalem stadsmur. De är hjärtan med tro, rättsinnighet, uppoffrande, rättfärdighet, trofasthet, passion, barmhärtighet, tålamod, godhet, självbehärskning, renhet och mildhet. När vi sammanför alla dessa karaktärsdrag blir det Jesu Kristi hjärta och Gud Faderns. Med en fras kan vi säga att det är "fullkomlig kärlek."

De som har kultiverat denna fullkomliga kärlek med en god och balanserad kombination av alla karaktärsdrag från de tolv juvelerna kan frimodigt komma in i staden Nya Jerusalem. Deras hus i Nya Jerusalem kommer dessutom bli utsmyckade med tolv olika juveler.

Insidan av staden Nya Jerusalem är så vacker och fängslande mer än vad som kan beskrivas. Husen, byggnaderna och alla faciliteter som parker är dekorerade på det underbaraste möjligaste sättet.

Men det som Gud anser vara det allra vackraste är människorna som kommer in i staden. De kommer sprida mer strålande ljus än ljusen som kommer ut från alla tolv juvelerna. De kommer också sprida en tung doft av kärlek mot Fadern från djupet av deras hjärtan. Genom detta kommer Gud Fadern bli tröstad för allt Han har gjort till dess.

Kapitel 6

De tolv pärleportarna och den gyllene vägen

1. De tolv pärleportarna
2. Gator gjorda av rent guld

*De tolv portarna bestod av tolv pärlor,
och varje särskild port var en enda
pärla. Och stadens gata var av rent
guld som genomskinligt glas.*

- Uppenbarelseboken 21:21 -

Staden Nya Jerusalem har tolv portar, tre åt vartdera väderstrecket, på murarnas norra, södra, östra och västra sida. En enorm ängel vaktar varje port och blotta åsynen av detta utstrålar stadens storhet och auktoritet. Varje port är bågformad och så enorm att man måste lyfta blicken högt upp. Varje port är gjord av en enda gigantisk pärla. Den öppnas som en skjutdörr och har ett handtag av guld och andra ädla stenar. Porten öppnas automatiskt utan att någon måste öppna den för hand.

Gud har gjort tolv portar med vackra pärlor och gator av rent guld till sina älskade barn. Så oerhört vacker och praktfull stadens struktur är!

Innan vi börjar titta närmare på Nya Jerusalems byggnader och platser, låt oss först tänka igenom orsakerna till varför Gud har gjort Nya Jerusalems portar av pärlor, och vilka andra slags gator det finns förutom de gyllene gatorna.

1. De tolv pärleportarna

Uppenbarelseboken 21:21 säger, *"De tolv portarna bestod av tolv pärlor, och varje särskild port var en enda pärla. Och stadens gata var av rent guld som genomskinligt glas."* Varför är de tolv portarna gjorda av pärlor när det finns många andra dyrbara stenar i Nya Jerusalem? Somliga säger att det skulle vara bättre att dekorera varje port med olika juveler eftersom det finns tolv portar, men Gud har smyckat alla tolv portarna med pärlor.

Det beror på att det är Guds omsorg och att det finns en

andlig betydelse med denna design. Till skillnad från andra juveler har pärlor ett helt annat värde och anses därför vara mer värdefull eftersom de produceras under en smärtsam process.

Varför är de tolv portarna gjorda av pärlor?

Hur görs en pärla? Pärla är en av de två organiska juvelerna från havet, den andra är korall. Det har blivit vida beundrad av oändligt många människor på grund av dess vackra glans trots att den inte har blivit polerad.

Pärlor formas på insidan av en mussla, mellan skalet och manteln. Det är ett stycke pärlemor som huvudsakligen består av kolsyrad kalk i en oval eller rund form. När ett främmande ämne kommer in på musslans insida utsätts musslan för mycket smärta, som om en nål stacks i den. Sedan kämpar musslan mot det främmande ämnet med oerhörd smärta. När ämnet retar mantelvävnaden produceras ett slem som inkapslas och så småningom bildas en pärla.

Det finns två slags pärlor: naturliga pärlor och odlade. Människor har kommit på principen att producera pärlor. De odlar många musslor och planterar in en artificiell substans i skalet så att de skall börja producera pärlor. Dessa pärlor verkar vara naturliga men de är relativt mycket billigare eftersom de har ett tunnare lager av pärlemor.

På samma sätt som en mussla producerar en vacker pärla genom att utstå enorm smärta mot en främmande substans, är processen en bild på uthålligheten som Guds barn måste ha för att kämpa för att återfå den förlorade avbilden till Gud. De kan komma ut med tro likt rent guld med vilken de kan komma in i Nya Jerusalem endast efter att de har utstått hårda prövningar och sorg medan de levde på den här jorden.

Om vi vill vinna seger i trons kamp och gå igenom portarna till staden Nya Jerusalem måste vi alla skapa en pärla i vårt hjärta. Precis som musslan utstår smärta och fördolt i sitt epitel skapar en pärla måste Guds barn också utstå smärta tills de får tillbaka Guds avbild helt och hållet.

När synd kom in i världen och folk blev fläckade med synder mer och mer förlorade de Guds avbild. I människans hjärta planterades ondska och osanning och deras hjärtan blev orena och började lukta illa. Gud Fadern visade sin stora kärlek även för dessa människor som levde med syndfulla hjärtan i en syndfull värld.

Alla som tror på Jesus Kristus kommer att bli renade från sin synd genom Hans blod. Men de sanna barn som Gud Fadern vill ha är de barn som är fullvuxna och mogna. Han vill ha de som inte gör sig själva smutsiga igen efter att de har tvättats rena. Andligt talat betyder det att de inte syndar mer men som behagar Gud Fadern med fullkomlig tro.

Och för att ha denna fullkomliga tro måste vi först ha sanna hjärtan. Vi kan ha ett sant hjärta när vi tar bort all synd och ondska från vårt hjärta och fyller det med godhet och kärlek istället. Ju mer godhet och kärlek vi har, desto mer kommer vi ha återfått Guds avbild.

Gud Fadern tillåter renande prövningar för sina barn så att de kan kultivera godhet och kärlek. Han låter dem upptäcka synder och ondska i sina hjärtan i olika slags situationer. När vi upptäcker våra synder och ondska kommer vi känna smärtan i våra hjärtan. Det är som när ett vasst föremål kommer in i ett ostron och smärtar i det mjuka köttet. Men vi måste erkänna det faktum att vi har smärta när vi går igenom prövningar på grund av synder och ondska i våra hjärtan.

Om vi verkligen erkänner detta faktum kan vi nu börja skapa en andlig pärla i vårt hjärta. Vi kommer be ivrigt för att göra oss av med synder och ondska som vi har upptäckt. Då kommer Guds nåd och styrka över oss. Även den Helige Ande kommer att hjälpa oss. Det leder till att synderna och ondskan vi har upptäckt kommer tas bort och istället kommer vi få ett andligt hjärta.

Är pärlor oerhört dyrbara när man tänker på tillverkningsprocessen. Precis som musslor måste lida mycket smärta och uthärda för att tillverka pärlor, måste vi övervinna och uthärda mycket smärta för att komma in i Nya Jerusalem. Vi kan endast komma igenom dessa portar när vi har vunnit segern i trons kamp. Dessa portar symboliserar detta faktum.

Hebreerbrevet 12:4 säger oss, *"Ännu har ni inte gjort motstånd ända till blods i er kamp mot synden."* Den andra delen av Uppenbarelseboken 2:10 uppmanar oss också att *"ar trogen intill döden, så skall jag ge dig livets krona."*

Som Bibeln berättar för oss kan vi endast komma in i Nya Jerusalem, den vackraste platsen i himlen, när vi står emot synd, gör oss av med all slags ondska, är trogna intill döden och gör alla våra uppgifter.

Övervinna trons prövningar

Vi måste ha tro likt rent guld för att komma in genom Nya Jerusalems tolv portar. Denna slags tro är inte bara given; endast när vi gått igenom och övervunnit trons prövningar får vi en sådan tro som belöning, precis som en mussla har utstått stor smärta tills den har producerat en pärla. Ändå är det inte så lätt att vinna med tro eftersom fienden djävulen och Satan till varje pris försöker att hindra oss från att ha tro. Och tills att vi står på trons klippa kan det kännas som om vägen till himlen är svår och smärtsam eftersom vi måste möta så intensiva slag mot fienden djävulen efter hur mycket osanning vi har i våra hjärtan.

Men vi kan övervinna eftersom Gud ger oss sin nåd och styrka, och den Helige Ande hjälper och leder oss. Om vi står på trons klippa efter att ha följt dessa steg kommer vi att kunna övervinna vilket motstånd som helst och glädja oss, istället för att lida.

Buddistmunkar slår sina kroppar och "förslavar" dem genom meditationer för att göra sig av med alla världsliga bekymmer. En del av dem praktiserar asketism under årtionden och när de dör kan man finna ett pärlliknande objekt i deras kvarlevor. Detta har formats under många år av uthållighet och självkontroll, på samma sätt som musslor formar pärlor.

Så mycket vi skulle behöva utstå och hålla smärta borta från oss om vi försökte göra oss av med de världsliga nöjena och kontrollera köttets lustar med vår egen kraft! Med Guds styrka och nåd kan Hans barn snabbt göra sig av med alla världsliga lustar mitt i den Helige Andes verk. Vi kan också övervinna alla slags hårda prövningar med Guds hjälp, och vi kan löpa det andliga loppet eftersom himlen förbereds för oss.

Guds barn som därför har tro behöver inte uthärda sina prövningar i lidanden utan kan övervinna med glädje och tacksamhet och förväntansfullt vänta på de välsignelser de mycket snart skall få ta emot.

Himlen II

Tolv pärleportar för trons segrare

De tolv pärleportarna tjänar som triumfbågar för trons segrare på samma sätt som segrande befälhavare vände hemåt efter framgångsrika slag. Ett sådant monument hade rests som hedrade deras bragd.

Förr i tiden då man skulle välkomna och hedra soldater och deras befälhavare när de kom hem i triumf byggde man olika monument och statyer och namngav varje plats efter heroiska män. Den triumferande generalen skulle be ärad och fick åka i en kunglig vagn genom en triumfbåge eller längs en gata och stora skaror jublade och vinkade.

När de nådde festsalen mitt i allt jubel kom ministrarna som suttit med kungen och drottningen fram och välkomnade dem. Befälhavare skulle då stiga ner från vagnen och böja sig för sin kung, och kungen skulle resa upp honom och prisa hans beundransvärda tjänst. Sedan åt de och drack, och gladde sig över segern. Befälhavaren kanske blev belönad med auktoritet, rikedomar, och ära som kunde jämföras med det som kungen hade.

Om en befälhavares och armes auktoritet är så stor, hur mycket större kommer då inte auktoriteten till dem som kommer in genom Nya Jerusalems tolv portar vara? De kommer att bli älskade och vederkvickta av Fader Gud och bo där för evigt i en härlighet som inte kan jämföras med något som en jordisk befälhavare eller soldat som gick igenom en triumfbåge fick. När de passerar genom de tolv portarna som helt och hållet är gjord av pärla påminns de om sin trosvandring i vilken de kämpade och försökte sitt bästa och de kommer att fälla tårar från djupet av deras oerhört tacksamma hjärta.

De tolv pärleportarnas storslagenhet

I himlen glömmer man inte bort någonting, inte ens efter en lång tid, eftersom himlen är en del av den andliga världen. Istället upplivas och uppskattas minnena från det förgångna.

Det är därför de som kommer in i Nya Jerusalem är så överväldigade närhelst de ser på de tolv pärleportarna och tänker, 'Jag har övervunnit många prövningar och slutligen nått Nya Jerusalem!' De gläder sig i minnet av att de har kämpat och till slut vunnit mot fienden djävulen och världen, och gjort sig av med all osanning i sig. De tackar Gud Fadern än en gång och kommer ihåg Hans kärlek som hjälpte dem att övervinna världen. De tackar också dem som hjälpte dem till dess de nådde denna plats.

I den här världen bleknar tacksamheten bort efter ett tag eller försvinner helt allt eftersom tiden går, men eftersom det bara finns uppriktighet i himlen växer snarare människors tacksamhet, glädje och kärlek sig starkare allt eftersom tiden går. Så närhelst Nya Jerusalems invånare ser pärleportarna är de tacksamma över Guds kärlek och till dem som hjälpte dem att komma dit.

2. Gator gjorda av rent guld

När människorna påminns om sina liv på jorden och går igenom de majestätiska triumfbågsliknande portarna gjorda av pärlor kommer de äntligen in i Nya Jerusalem. Staden är full av ljuset från Guds härlighet, ett avlägset ljud av fridfull änglasång hörs, och milda dofter från blommorna sprids. När man går in i staden överväldigas man av lycka och hänryckelse.

Murarna är smyckade med tolv juveler och de vackra pärleportarna har redan belysts. Vad är då gatorna i Nya Jerusalem gjorda av? Uppenbarelseboken 21:21 säger oss, *"Och stadens gata var av rent guld som genomskinligt glas."* Gud gjorde Nya Jerusalems gator av rent guld för sina barn som kommer in i staden.

Jesus Kristus: Vägen

I den här världen finns det många slags vägar, allt från lugna stigar till järnvägar, från smala vägar till motorvägar. Man använder olika vägar beroende på målet och behovet. För att kunna komma till himlen finns det bara en enda väg: Jesus Kristus.

Jag är vägen och sanningen och livet. Ingen kommer till Fadern utom genom mig (Johannes 14:6).

Guds ende son Jesus, öppnade vägen till frälsning genom att korsfästas i alla människors ställe, de som egentligen borde ha dött på grund av sina synder, och Han uppstod på den tredje dagen. När vi tror på Jesus Kristus kvalificeras vi till att få ta emot evigt liv. Därför är Jesus Kristus den enda vägen till himlen, frälsning, och evigt liv. Att därför acceptera Jesus Kristus och att efterlikna Hans natur är vägen till evigt liv.

Gator av guld

I denna gränslösa himmel finns det gator på var sida om floden med Livets Vatten som lätt hjälper varje människa att hitta till Guds tron. Floden med Livets Vatten har sitt ursprung i Guds och Lammets tron, och rinner genom staden Nya Jerusalem och alla boplatser i himlen, och återvänder till Guds tron.

Och han visade mig en flod med livets vatten, klar som kristall. Den går ut från Guds och Lammets tron. Mitt på stadens gata, på båda sidor om floden, står livets träd som bär frukt tolv gånger, varje månad bär det frukt, och trädets blad ger läkedom åt folken (Uppenbarelseboken 22:1-2).

Andligt sett symboliserar "vatten" Guds Ord, och eftersom vi får evigt liv genom Hans Ord och kommer in på vägen till evigt liv genom Jesus Kristus, rinner Livets Vatten ut från Guds och Lammets tron.

Eftersom floden med Livets Vatten cirkulerar runt hela himlen kan vi lätt nå Nya Jerusalem endast genom att följa gatorna av guld på var sida om floden.

Betydelsen av gatorna av guld

Gator av guld finns inte bara i Nya Jerusalem utan också överallt i himlen. Men på samma sätt som klarheten, materialen och skönheten skiljer sig från en boplats till en annan, skiljer sig också guldets glans i gatorna av guld åt på varje boplats.

Rent guld i himlen är inte mjukt som guldet på den här jorden, utan hårt. Men trots detta känns det väldigt mjukt när vi går på dessa gator av guld. I himlen finns det inte heller damm eller något smutsigt, och eftersom ingenting slits ut, skadas aldrig dessa gator av guld. På var sida om gatorna står vackra blommor i blom och de hälsar på Guds barn som vandrar på gatorna.

Var är då betydelsen och orsaken med att göra gator av rent guld? Det är för att påminna oss om att ju renare våra hjärtan är, desto bättre plats i himlen kan man få bo på. Och eftersom vi kan komma in i Nya Jerusalem endast om vi strävar mot staden med tro och hopp, har Gud gjort gatorna av rent guld vilket står för andlig tro och ivrigt hopp fött av denna tro.

Blomstervägar

Precis som det är annorlunda att gå på nyklippt gräs, på stenar, asfalterad väg osv. finns det en skillnad i att gå på gatorna av guld och på blomstervägarna. Det finns även så många andra gator gjorda av juveler, och det finns en skillnad i lycka som man upplever av att vandra på dem. Vi lägger också märke till skillnaden i bekvämligheten här på jorden bland de olika sorters transportmöjligheter som t ex flygplan, tåg, eller buss, och detsamma är det i himlen. Att vandra av sig själv på gatorna är så annorlunda jämfört med att automatiskt bli transporterad med Guds kraft.

Blomstervägarna i himlen har inte blommor på vardera sidan om vägarna eftersom vägarna själva är gjorda av blommor så att människorna kan vandra på blommorna. Det känns mjukt och fluffigt som att gå barfota på en tjock, mjuk matta. Blommorna skadas inte eller vissnar eftersom våra kroppar är andliga kroppar som är väldigt lätta, och blommorna trampas inte ner.

Himmelska blommor gläder sig och sprider sin väldoft när Guds barn går på dem. När man går på blomstervägarna absorberas dofterna in i ens kropp så att ens hjärtan blir glatt, uppfriskat och lyckligt.

Juvelvägar

Vägarna som är gjorda av juveler har olika sorters strålande färger och är fulla av vackra ljus. Vad som är än mer intressant är att de skiner med ännu underbarare ljus när andliga kroppar går på dem. Juvelerna sprider också dofter, och lyckan och glädjen man får av att gå på dem är bortom allt förstånd. Vi kan också känna oss upplyfta när vi vandrar på juvelvägarna eftersom det känns som att gå på vatten. Men det betyder inte att det känns som om man håller på att sjunka ner i vattnet eller drunknar, utan man känner sig som i extas, med spänning i varje steg.

Dessa juvelvägar finns endast på några platser i himlen. De ges med andra ord som belöning i och runt husen till dem som efterliknar Herrens hjärta och har storligen bidragit till Guds försyn i den mänskliga kultiveringen. Det är ungefär på samma sätt som en liten smal passage som är utsmyckad med eleganta dekoreringar av högsta kvalitet i en kungs slott eller palats.

Människor blir inte trött eller less på något i himlen utan älskar allt för evigt eftersom det är en andlig värld. De känner också mer glädje och lycka eftersom till och med en liten sak är inbäddad i en sådan andlig betydelse och människors kärlek och beundran stiger också mer och mer.

Så vackert och underbart Nya Jerusalem är! Det är förberett av Gud till Hans älskade barn. Till och med människorna i Paradiset, det Första, Andra och Tredje Kungadömet i himlen glädjer sig storligen och blir tacksamma varje gång ge går igenom

Himlen II

pärleportarna på inbjudan till Nya Jerusalem.

Kan du föreställa dig hur mycket mer Guds barn kommer att vara tacksamma och glada över det faktum att de har kommit till Nya Jerusalem som ett resultat av att de trogna har följt Herren, den sanna vägen?

Tre nycklar till att komma in i Nya Jerusalem

Nya Jerusalem är en kubformad med dess bredd, längd och höjd som alla är 2 400 km. Stadsmuren har totalt tolv portar och tolv grundstenar. Stadsmuren, de tolv portarna och de tolv grundstenarna har olika andliga betydelser. Om vi förstår dessa betydelser och uppnår dem i våra hjärtan kan vi ha de andliga kvalifikationerna att komma in i Nya Jerusalem. På det sättet är de andliga betydelserna nycklar till att komma in i staden Nya Jerusalem.

Den första nyckeln för att komma in i Nya Jerusalem är gömd i stadsmuren. Som det står i Uppenbarelseboken 21:18, *"Muren var byggd av jaspis, och staden var av rent guld som liknade rent glas"* är stadsmuren gjord av jaspis, vilket andligt symboliserar tron till att behaga Gud.

Tro är det absolut grundläggande och viktigaste i det kristna livet. Utan tro kan vi inte bli frälsta och vi kan inte behaga Gud. För att komma in i staden Nya Jerusalem måste vi ha tron till att behaga Gud – den femte nivån av tro, vilket är den högsta nivån av tro. Därför är den första nyckeln den femte trosnivån – tron till att behaga Gud.

Den andra nyckeln finns i de tolv grundstenarna. Sammanfogningen av de andliga hjärtan som de tolv grundstenarna representerar är den fullkomliga kärleken, och denna fullkomliga kärlek är den andra nyckeln till Nya Jerusalem. De tolv grundstenarna är gjorda av tolv olika juveler. Varje juvel på den tolfte grundstenen symboliserar ett specifikt slags andligt hjärta. De är hjärtat med tro, rättsinnighet, uppoffrande, rättfärdighet, trofasthet, passion, barmhärtighet, tålamod, godhet, självbehärskning, renhet och mildhet. När vi sammanför alla dessa karaktärsdrag blir det Jesu Kristi och Gud Faderns hjärta som är kärleken själv. Summeringen av det blir den andra nyckeln för att komma in i Nya Jerusalem är fullkomlig kärlek.

Den tredje nyckeln dold i staden Nya Jerusalem är de tolv pärleportarna. Genom pärlan vill Gud få oss att inse hur vi kan komma in i Nya Jerusalem. Pärlor görs på helt annat sätt än andra juveler. Allt i guldet, silvret och ädelstenarna som de tolv grundstenarna består av kommer alla från Jorden. Men pärlan är unikt skapat från något levande.

De flesta pärlorna görs av musslor. Musslan utstår smärta och skapar i det fördolda en pärla i sitt epitel. På samma sätt måste Guds barn utstå smärta tills de återfår Guds avbild helt och hållet.

Gud Fadern vill få de där sanna barnen som inte gör sig själva smutsiga igen efter att de har tvättats rena i Jesu Kristi blod, men som behagar Gud Fadern med fullkomlig tro. Vi måste äga denna fullkomliga tro för att kunna ha ett sant hjärta. Vi kan ha ett sant hjärta när vi tar bort all synd och ondska från våra hjärtan och fyller det med godhet och kärlek istället.

Det är därför Gud tillåter prövningar av tro för oss tills vi har sant hjärta och fullkomlig tro. Han låter oss upptäcka synder och ondska i våra hjärtan genom olika slags situationer. När vi upptäcker vår synd och ondska känner vi smärtan i våra hjärtan. Det är som när ett vasst främmande ämne tränger in i en mussla och genomborrar det mjuka köttet. Som samma sätt som musslan övertäcker den ovälkomna inkräktaren med lager efter lagar i sitt epitel och lägger till tjocklek lager efter lager, när vi går igenom prövningar med tro, då blir epitelet i vårt hjärta tjockare. Som musslan gör en pärla måste även vi troende skapa en andlig pärla för att komma in i Nya Jerusalem. Det här är den tredje nyckeln för att komma in i Nya Jerusalem.

Jag önskar att ni ska förstå de andliga betydelserna som finns inbäddade i Nya Jerusalems murar, de tolv portarna i muren och de tolv grundstenarna, och ha de tre nycklarna för att komma in i Nya Jerusalem genom att uppnå de andliga villkoren.

Kapitel 7

Den underbara synen

1. Inget behov av solsken eller månsken
2. Nya Jerusalems uppryckelse
3. För evigt med Herren vår brudgum
4. Nya Jerusalems invånares härlighet

Något tempel såg jag inte i staden, ty Herren Gud, den Allsmäktige, och Lammet är dess tempel. Staden behöver inte ljus från sol eller måne, ty Guds härlighet lyser upp den, och dess ljus är Lammet. Och folken skall vandra i dess ljus, och jordens kungar skall föra in sin härlighet i den. Stadens portar skall aldrig stängas om dagen – natt skall inte finnas där – och folkens härlighet och ära skall föras in i staden. Aldrig någonsin skall något orent komma in i den, och inte heller någon som handlar skändligt och lögnaktigt, utan endast de som är skrivna i livets bok som tillhör Lammet.

- Uppenbarelseboken 21:22-27 -

Den Helige Ande visade Nya Jerusalem för aposteln Johannes som skrev ner synen i detalj i det att han kunde se ner på den från en högre plats. Johannes hade länge längtat efter att få se insidan av Nya Jerusalem och när han slutligen fick se innandömet av staden, vars syn var så vacker, försatte det honom i extas.

Om vi har kvalifikationerna för att komma in i Nya Jerusalem och stå framför portarna kommer vi att kunna se den bågformade pärleporten öppnas, en port som är högre än ögat når.

I den stunden strålar ett obeskrivligt vackert ljus tränga fram från staden Nya Jerusalem och omge våra kroppar. Vi kommer att känna Guds stora kärlek på ett ögonblick och inte kunna hindra tårarna från att rinna nerför kinderna.

Att känna Gud Faderns överflödande kärlek, Han som har beskyddat oss med sina vakande ögon, och Herrens nåd, Han som har förlåtit oss med sitt blod på korset, och kärleken från den Helige Ande som bor i våra hjärtan, Han som har lett oss in i sanningen, kommer att föra oss in i evig lovsång och ära.

Låt oss undersöka staden Nya Jerusalems detaljer baserat på vad aposteln Johannes nerskrivit.

1. Inget behov av solsken eller månsken

Aposteln Johannes blev fylld av Guds härlighet i det att han såg ner på Nya Jerusalems insida och uttryckte sig så här:

Staden behöver inte ljus från sol eller måne, ty Guds

härlighet lyser upp den, och dess ljus är Lammet
(Uppenbarelseboken 21:23).

Nya Jerusalem är fylld av Guds härlighet eftersom Gud själv bor och råder över staden, och inuti den finns andevärldens högsta höjd där Gud formade sig själv till Treenigheten på grund av den mänskliga kultiveringen.

Guds härlighet skiner på Nya Jerusalem

Orsaken till att Gud har placerat ut solen och månen för den här jorden är för att vi ska kunna känna igen gott och ont, och urskilja ande från kött genom ljus och mörker så att vi kan leva som sanna barn till Gud. Han vet allt om ande och kött, och gott och ont, men människor kan inte förstå dessa ting utan den mänskliga kultiveringen eftersom de blott är varelser.

När den första människan Adam var i Edens lustgård innan den mänskliga kultiveringen började, kunde han aldrig få veta innebörden av ondska, död, mörker, fattigdom eller sjukdom. Därför kunde han aldrig till fullo förstå livets sanna mening och lycka eller vara tacksam till Gud som hade gett honom allt, även trots att hans liv var så överflödande.

För att Adam skulle lära känna sann lycka behövde han gråta, sörja, lida av smärta och sjukdom, och uppleva död, och detta är den mänskliga kultiveringens process. Läs gärna *"Budskapet om Korset"* för mer detaljer.

Så småningom begick Adam olydnadens synd genom att äta från trädet med kunskap om gott och ont, drevs ut till denna jord, och började uppleva relativiteten. Bara efter det kunde han inse hur överflödande, lyckligt och skönt hans liv i Edens lustgård hade varit, och tacka Gud med ett sant hjärta.

Hans efterkommande fick också lära sig att särskilja ljus från mörker, ande från kött, och gott från ont genom den mänskliga kultiveringen medan de upplevde alla möjliga svårigheter. När vi därför en gång tagit emot frälsningen och kommer till himlen kommer ljuset från solen och månen som behövdes för den mänskliga kultiveringen inte längre vara nödvändig.

Eftersom Gud själv bor i Nya Jerusalem finns det inget mörker alls där. Guds härlighet skiner också starkast i Nya Jerusalem, vilket är fullständigt normalt, och staden behöver ingen sol, måne, lampor eller ljus för att lysa upp den.

Lammet är Nya Jerusalems lampa

Johannes kunde inte hitta någon ljuskälla som solen, månen eller glödlampor. Detta beror på att Jesus Kristus, som är Lammet, blir staden Nya Jerusalems lampa.

Eftersom den första människan Adam begick olydnadens synd blev människosläktet tvingat in på dödens väg (Romarbrevet 6:23). Kärlekens Gud sände Jesus till denna jord för att lösa detta syndaproblem. Jesus, Guds son kommen i köttet till denna jord, renade oss från våra synder genom att utgjuta sitt blod och blev uppståndelsens förstlingsfrukt genom att bryta dödens makt.

Detta ledde till att alla som accepterar Jesus som sin personlige Frälsare tar emot liv och kan få del i uppståndelsen, njuta av evigt liv i himlen, och ta emot bönesvar på alla sina böner här på jorden. Vidare kan Guds barn nu bli världens ljus genom att själva leva i ljuset, och ge äran till Gud genom Jesus

Kristus. Med andra ord sprids ljuset från Guds härlighet ännu starkare genom Frälsaren Jesus, på samma sätt som en lampa sprider sitt sken.

2. Nya Jerusalems uppryckelse

När vi ser in i staden Nya Jerusalem på avstånd kan vi se vackra byggnader gjorda av så många olika dyrbara stenar och guld genom ett härlighetsmoln. Hela staden verkar vara levande med en blandning av många olika slags ljus: ljus som strålar ut från husen gjorda av dyrbara stenar; ljuset från Guds härlighet; och ljusen som sprids från murarna gjorda av jaspis och rent guld i klara blåaktiga färger.

Hur kan vi på något sätt med ord uttrycka den känsla och upprymdhet man har när man går in i Nya Jerusalem? Staden är så vacker, magnifik, och extatisk bortom all föreställningsförmåga. I stadens centrum står Guds tron, ursprunget till floden med Livets Vatten. Runt Guds tron står Elias, Hanoks, Abrahams, och Moses, Maria Magdalenas, och jungfru Marias hus, alla dem som var mycket, mycket älskade av Gud.

Herrens slott

Herrens slott ligger neråt till höger från Guds tron, där Gud är under lovsångsmöten och banketter i Nya Jerusalem. I Herrens slott finns det en stor byggnad med ett gyllene tak i mitten, och runt omkring finns det oändligt många byggnader. Det finns många härlighetskors omgivna av strålande ljus på de gyllene kupoltaken. De påminner oss om att vi har tagit emot frälsningen och kommit till himlen på grund av att Jesus tog korset.

Den stora byggnaden i mitten är cylinderformad men eftersom den är utsmyckad med många fint utskurna juveler kommer ljuvliga ljus ut från varenda en av juvelerna och blandar sig till regnbågsfärger. Om vi skulle jämföra Herrens slott med en byggnad av människohänder här på jorden skulle det vara mest likt St Basils katedral i Moskva, Ryssland. Men stilen, materialet, och storleken kan inte på något sätt jämföras med den mest magnifika byggnaden någonsin designad eller byggd här på jorden.

Förutom denna byggnad i mitten finns det många byggnader i Herrens slott. Gud Fadern själv har placerat ut dessa byggnader så att de som har nära relation i anden kan få bo tillsammans med sina nära och kära. Mitt emot Herrens slott ligger de tolv lärjungarnas hus på rad. Längs fram ligger Petrus, Johannes och Jakobs hus, och de andra lärjungarnas hus står bakom dem. Vad som är speciellt är att det även finns plats för Maria Magdalena och jungfru Maria att bo på Herrens slott. Dessa två kvinnors platser är naturligtvis tänkta att användas tillfälligt när de är inbjudna av Herren, och deras riktiga slottsliknande boplats ligger väldigt nära Guds tron.

Den Helige Andes slott

Neråt till vänster från Guds tron ligger den Helige Andes slott. Detta gigantiska slott representerar ödmjukheten och mjukheten, den Helige Andes moderlika karaktärsdrag. Många kupolformade byggnader i olika storlekar harmoniserar tillsammans.

Taket på den största byggnaden i mitten av slottet är som en enda stor karneol som symboliserar passion. Runt denna byggnad flyter floden med Livets Vatten som kommer från Guds tron och Herrens slott.

Alla slott i Nya Jerusalem är så enorma och magnifika, bortom all mätförmåga, men Herrens och den Helige Andes slott är speciellt magnifika och vackra. Deras storlek är nästan som en stad mer än som ett slott, och de är byggda på ett väldigt specifikt sätt. Det beror på att dessa hus är byggda av Gud Faderns själv, till skillnad från alla andra hus som är byggda av änglarna. På samma sätt som med Herrens hus är husen till dem som är förenade med den Helige And och som uppnått Guds rike under den Helige Andes tidsålder, vackert byggda runt den Helige Andes slott.

Den Stora Helgedomen

Det finns många byggnader som är under uppbyggnad runt den Helige Andes slott, och där finns framför allt en magnifik och stor byggnad. Det har ett runt tak och tolv höga pelare, och det finns tolv stora portar mellan pelarna. Detta är den Stora Helgedomen gjord med staden Nya Jerusalem som förebild.

I Uppenbarelseboken 21:22 säger Johannes dock, *"Något tempel såg jag inte i staden, ty Herren Gud, den Allsmäktige, och Lammet är dess tempel."* Varför kunde Johannes inte se något tempel? Människor tror normalt att Gud behöver en plats att bo på, dvs. i ett tempel på samma sätt som vi behöver en plats att bo på. Därför tillber vi Honom här på jorden i helgedomar där Guds Ord predikas.

Som Johannes 1:1 proklamerade, *"I begynnelsen var Ordet, och Ordet var hos Gud, och Ordet var Gud"*, där Ordet är, där är Gud; varhelst Ordet predikas är helgedomen. Men Gud själv bor i staden Nya Jerusalem. Gud, som är Ordet själv, och Herren som är ett med Gud, bor i staden Nya Jerusalem, så inget tempel är nödvändigt. Därför låter aposteln Johannes oss få veta att det inte är nödvändigt med något tempel och att Gud och Herren är templet i Nya Jerusalem.

Då kan man börja fundera på varför den Stora Helgedomen inte var närvarande under aposteln Johannes tid, och varför den byggs idag? Som vi läser i Apostlagärningarna 17:24, *"Gud är den som har skapat världen och allt som är i den. Han som är Herre över himmel och jord bor inte i tempel som är gjorda av människohand"* så bor inte Gud i en speciell tempelbyggnad.

Trots att Guds tron är i himlen vill Han ändå bygga den Stora Helgedomen som representerar Hans härlighet; den Stora Helgedomen blir ett solitt bevis på Guds kraft och härlighet över hela världen.

Idag byggs det många stora och magnifika byggnader på denna jord. Människor investerar enorma summor och bygger vackra strukturer till sin egen ära och efter sina egna önskemål, men ingen gör detta för Gud, som är den som verkligen är värdig den äran. Därför vill Gud bygga den vackra och magnifika Stora Helgedomen genom sina barn som har tagit emot den Helige Ande och blivit helgade. Han vill då bli ordentligt ärad genom människor från alla nationer genom detta (1 Krönikeboken 22:6-16).

När den vackra Stora Helgedomen är byggd på det sätt som Gud vill kommer människor från alla nationer ära Gud och förbereda sig själva som Herrens brud för att ta emot Honom. Det är därför som Gud förbereder den Stora Helgedomen som ett center för evangelisation för att leda oändligt antal människor till frälsningsvägen, och leda dem till Nya Jerusalem mot tidens slut. Om vi förstår Guds omsorg i detta, bygger den Stora Helgedomen, och ger ära till Gud, kommer Han att belöna oss efter våra gärningar och bygga samma Stora Helgedom i staden Nya Jerusalem.

När man därför ser den Stora Helgedomen gjord av juveler och guld som inte kan jämföras med något jordiskt material, kommer de som kommit in i himlen ständigt att vara tacksamma över Guds kärlek som ledde oss till vägen med härlighet och välsignelser genom den mänskliga kultiveringen.

Himmelska hus inredda med juveler och guld

Runt den Helige Andes slott finns hus som är prydda med många olika dyrbara stenar, och det finns också många hus under uppbyggnad. Vi kan se många änglar i arbete som placerar ut vackra juveler här och där och som rensar upp området kring husen. På det här sättet ger Gud belöningar efter var och ens gärningar och placerar dem in i hans eller hennes hus.

Gud visade mig en gång husen till två mycket trogna arbetare i den här församlingen. En av dem har varit en enorm styrka för församlingen genom sin bön dag och natt för Guds rike, och hennes hus har blivit byggt med en väldoft av bön och uthållighet, och är redan vid ingången inredd med briljanta juveler.

För att ta till vara på hennes härliga karaktärsdrag har hon fått ett bord i hörnet av trädgården där hon kan ha tebjudning med sina nära och kära. Det finns många olika blommor i varierande färger på ängen. Detta beskriver endast ingången och personens trädgård. Kan du föreställa dig hur mycket mer magnifik resten av byggnaden kommer att vara?

Det andra huset som Guds visade mig tillhör en arbetare som har överlåtit sig själv till litterär evangelisation på den här jorden. Jag kunde se ett av den många rum i huvudbyggnaden. Där finns ett skrivbord, en stol, och en ljusstake, allt i guld, och många böcker i rummet. Detta är en belöning och för att komma ihåg hennes verk när hon ärade Gud genom litterär evangelisation, och för att Gud vet att hon älskar att läsa så mycket.

Gud förbereder inte bara våra himmelska hus utan ger oss också så vackra saker som vi inte ens kan föreställa oss för att belöna oss för att vi inte gav upp utan övergav våra världsliga njutningar på den här jorden för att helt och hållet överlåta oss till att uppnå Guds rike.

3. För evigt med Herren vår brudgum

I staden Nya Jerusalem hålls ständigt många banketter, inklusive den som hålls av Gud Fadern själv. Det beror på att de som bor i Nya Jerusalem kan bjuda in sina bröder och systrar som bor på andra platser i himlen.

Hur underbart och lyckligt det kommer att vara om du kan få bo i Nya Jerusalem och bli inbjuden av Herren och dela Hans kärlek och vara med på utsökta banketter!

Varmt välkommen till Herrens slott

När människor i Nya Jerusalem blir inbjudan till Herren deras brudgum, smyckar de sig själva som den vackraste bruden och kommer med glada hjärtan till Herrens slott. När varje Herrens brud kommer till Hans slott välkomnar två änglar på var sida om huvudporten dem artigt. Väldoften från murarna dekorerade med många juveler och blommor sprider sig runt deras kroppar för att utöka deras glädje.

När de går igenom huvudporten hör de en avlägsen lovsång, en sådan som rör vid det innersta i anden. När de hör detta ljud överflödas deras hjärtan av frid, lycka och tacksamhet till Guds kärlek eftersom de vet att Han har lett dem dit.

Medan de vandrar på den gyllene vägen som klart glas för att komma till huvudbyggnaden eskorteras de av änglar genom många vackra byggnader och trädgårdar. Innan de når huvudbyggnaden stiger förväntan på att möta Herren. I det att de kommer närmare huvudbyggnaden kan de nu se Herren själv som väntar på att ta emot dem. Tårar fyller deras ögon men de springer till Herren med en uppriktig längtan efter att möta Honom om bara en sekund tidigare. Herren väntar på dem med sina armar vidöppna, och med sitt ansikte fullt av kärlek och ödmjukhet kramar Han om dem.

Herren säger till dem, "Kom, Mina vackra brudar! Ni är så välkomna!" De som inbjudits uttrycker sin kärlek tätt intill Hans bröst och säger, "Jag är tacksam från djupet av mitt hjärta för att Du har inbjudit mig!" Sedan vandrar de hand i hand med Herren som ett djupt förälskat par, och har underbara samtal som de hade längtat efter att ha sedan deras tid här på jorden.

Till höger om huvudbyggnaden ligger en stor sjö och Herren förklarar i detalj om hur han upplevde sin tjänst och det Han gick igenom under Hans tid på jorden.

Vid sjön som påminner om Galileiska sjön

Varför påminner denna sjö dem om Galileiska sjön? Gud gjorde denna sjö i åminnelse eftersom Herren påbörjade och gjorde en stor del av Hans tjänst runt Galileiska sjön (Matteus 4:23). Jesaja 9:1 säger, *"Men det skall inte vara nattsvart mörker där ångest nu råder. I gången tid lät han Sebulons och Naftalis land vara föraktat, men i kommande dagar skall han ge ära åt trakten utmed havsvägen, landet på andra sidan Jordan, hednafolkens Galileen."* Det blev profeterat att Herren skulle påbörja sin tjänst vid Galileiska sjön och profetian uppfylldes.

Många fiskar sprider olika ljusfärger där de simmar i den stora sjön. I Johannes 21 uppenbarade sig den uppståndne Herren för Petrus som inte hade fångat någon fisk, och sa till honom, *"Kasta ut nätet på högra sidan om båten, så skall ni få"* (v. 6), och när Petrus lydde fångade han 153 fiskar. I sjön i Herrens slott finns det också 153 fiskar, och det är enbart för att påminna om Herrens tjänst. När dessa fiskar hoppar upp i luften och gör beundransvärda konster förändras deras färger på så många sätt för att sprida glädje och välbehag till de inbjudna.

Herren går på denna sjö precis som Han gjorde på Galileiska sjön på denna jord. Sedan står de inbjudna runt sjön i glädje och längtar efter att höra Herren tala. Han förklarar i detalj situationen då Han gick på vattnet på Galileiska sjön här på jorden. Då kommer Petrus, som en liten stund kunde gå på vattnet på den här jorden genom att lyda Herrens Ord, att känna sig lite ledsen för att han sjönk på grund av för liten tro (Matteus 14:28-32).

Ett museum som hedrar Herrens tjänst

När människor besöker olika platser med Herren tänker de på den tid då deras kultivering på jorden ägde rum och är överväldigade av kärlek till Fadern och Herren som har förberett himlen. De kommer till ett museum till vänster om huvudbyggnaden i Herrens slott. Gud Fadern själv har byggt det i åminnelse av Herrens tjänst här på jorden så att människor kan se och uppleva det på riktigt. Som exempel kan nämnas är den plats där Jesus dömdes av Pontius Pilatus och Via Dolorosa där Han bar korset upp till Golgata uppbyggt på samma sätt. När människor ser dessa platser kommer Herren att i detalj förklara hur det var på den tiden.

Genom den Helige Andes inspiration fick jag för ett tag sedan veta vad Herren uttryckte då, och jag skulle vilja dela en del av det med er. Det är ett hjärtefyllt uttryck av Herren som kom till den här jorden efter att ha försakat all härlighet i himlen, något Han sade då Han gick uppför mot Golgata med korset.

Fader! Min Fader!
Min Fader, perfekt i ljuset,
Du älskar verkligen allt!
Marken jag har gått på
för första gången med Dig,
och människorna,
sedan de blev skapade,

har nu korrumperat så mycket...

Nu inser jag
varför Du har sänt mig hit,
varför Du låtit mig lida prövningar
från dessa människors korrumperade hjärtan,
och varför Du lät mig komma ner hit
från himlens härliga platser!
Nu kan jag känna och förstå
allt detta
i djupet av mitt hjärta.

Men Fader!
Jag vet att Du kommer att upprätta allt
i Din rättfärdighet och fördolda hemligheter.
Fader!
Alla dessa ting är tillfälliga.
Men eftersom härligheten
som Du kommer att ge mig,
och ljusets vägar
som Du kommer att öppna för dessa människor,
Fader,
tar jag korset med hopp och glädje.

Fader, jag kan göra detta
eftersom jag tror
att Du kommer att öppna denna väg och ljus
med Ditt tillstånd och i Din kärlek,
och Du kommer att överskina Din Son

Himlen II

med underbara ljus
när allt detta är över
om en mycket kort tid.

Fader!
Marken jag brukade gå på är gjord av guld,
vägarna jag brukade vandra på är också av guld,
doften från blommorna jag brukade känna
kan inte jämföras
med dem här på jorden,
materialet i kläderna
jag brukade bära
är så väsenskilt från dessa,
och platsen jag brukade bo på
är en sådan underbar plats.
Och jag skulle vilja att dessa människor
får lära känna denna underbara och fridfulla plats.

Fader,
Jag förstår varje del av Din omsorg.
Varför Du födde mig,
Varför Du gav mig denna uppgift,
Och varför Du lät mig komma ner hit
och gå på denna korrumperade marken,
och läsa människornas korrumperade sinnen.
Jag prisar Dig Fader
För Din kärlek, storhet,
och alla dessa ting som är felfria.

Min käre Fader!
Människor tror att jag inte försvarar mig själv
att jag hävdar att jag är judarnas kung.
Men Fader,
Hur kan de begripa de minnen
som flödar från mitt hjärta,
Faderns kärlek som flödar från mitt hjärta,
kärleken till dessa människor
som flödar från mitt hjärta?

Fader,
många människor kommer att inse och förstå
det som senare skall ske
genom den Helige Ande
som Du skall ge dem som en gåva
efter att jag inte är här.
På grund av den tillfälliga smärtan,
Fader, gråt inga tårar
och vänd inte Ditt ansikte från mig.
Låt inte Ditt hjärta bli fyllt av smärta,
Fader!

Fader, jag älskar Dig!
Tills jag korsfästs,
utgjuter mitt blod och tar mitt sista andetag,
Fader, tänker jag på allt detta
och på dessa människors hjärtan.

Fader, var inte ledsen

utan bli förhärligad genom Din Son,
och Faderns omsorg och alla planer
skall bli helt och hållet fullkomnade för evigt.

Jesus förklarar vad som går igenom Hans sinne medan Han är på korset; himlens härlighet; att Han själv står inför Fadern; människorna; orsaken till att Fadern gav Honom denna uppgift, och så vidare.

De som är inbjudna till Herrens slott blir tårefyllda när de lyssnar på detta och tackar Herren under tårar för att Han tog korset för deras skull och uttrycker från djupet av sina hjärtan, "Min Herre, Du är min sanna Frälsare!"

I åminnelse till Herrens prövningar har Gud gjort många juvelvägar i Herrens slott. När någon går på vägarna som byggts och dekorerats med många juveler i många olika färger blir ljuset starkare och det känns som om man går på vatten. För att vidare komma ihåg att Han hängde på korset för att återlösa alla människor från deras synder har Gud Fadern gjort ett träkors med blod utstruket på det. Stallet i Betlehem där Herren föddes, finns också där, tillsammans med många andra ting man kan se och uppleva från Herrens tjänst på riktigt. När människor besöker dessa platser kan de uttryckligen på ett levande sätt se och höra om Herrens verk så att de kan känna Herrens och Faderns kärlek på ett ännu djupare sätt och ge ära och tack för evigt.

4. Nya Jerusalems invånares härlighet

Nya Jerusalem är den vackraste platsen i himlen och ges som belöning till dem som har uppnått fullständig helgelse i sina hjärtan och är betrodda i hela Guds hus. Uppenbarelseboken 21:24-26 berättar vad för slags härlighet som människorna i Nya Jerusalem kommer att ta emot:

> *Och folken skall vandra i dess ljus, och jordens kungar skall föra in sin härlighet i den. Stadens portar skall aldrig stängas om dagen – natt skall inte finnas där – och folkens härlighet och ära skall föras in i staden.*

Folken vandrar i dess ljus

Ordet "folken" hänvisar till alla människor som blivit frälsta oavsett vilken etnisk bakgrund de har. Trots att människors medborgarskap, raser, och andra drag skiljer dem åt, har alla blivit Guds barn med ett medborgarskap i himmelriket genom att de en gång tagit emot frälsningen genom Jesus Kristus.

Frasen "folken skall vandra i dess ljus" betyder alltså att alla Guds barn skall vandra i Guds härlighets ljus. Men inte alla Guds barn kommer att ha härligheten som gör att de fritt kan komma in i staden Nya Jerusalem. Det beror på att de som bor i Paradiset, det Första, Andra, och Tredje Kungadömet endast kan komma in i Nya Jerusalem om de blivit inbjudna. Endast de som är fullständigt helgade och betrodda i hela Guds hus har äran att se Gud Fadern ansikte mot ansikte i Nya Jerusalem för evigt.

Jordens kungar skall föra in sin härlighet

Frasen "jordens kungar" hänvisar till dem som brukade vara andliga ledare på denna jord. De skiner som de tolv juvelerna i Nya Jerusalems murars tolv grundstenar och har kvalifikationerna att för evigt bo i staden. De som är erkända av Gud skall föra fram sina offer som de har förberett med hela sina hjärtan när de står inför Honom. Med "offer" menar jag allt som de använde för att ge ära till Honom, och komma in i Nya Jerusalem med dem.

"Jordens kungar skall föra in sin härlighet i den" betyder att de skall komma med offer som de har förberett, allt som de har haft i sitt mödosamma arbete för Guds rike och gett ära till Honom, och komma in i Nya Jerusalem med dem.

Jordens kungar ger gåvor och offer till större kungar och starkare nationer som ett sätt att smickra dem, men offer till Gud ges på grund av tacksamhet över att Han har lett dem till frälsningsvägen och evigt liv. Gud tar gladeligen emot detta offer och belönar dem med äran att få bo för evigt i staden Nya Jerusalem.

I Nya Jerusalem finns det inget mörker eftersom Gud, som är Ljuset själv, bor där. Eftersom det inte finns någon natt, ingen ondska, död eller tjuv, är det inte nödvändigt att stänga Nya Jerusalems portar. Orsaken till att Skriften säger "om dagen" beror på vår begränsade kunskap och kapacitet att till fullo förstå himlen.

Folkens härlighet och ära skall föras in

Vad betyder då "folkens härlighet och ära skall föras in i staden"? De som för in folkens härlighet och ära in i staden är de, från alla jordens nationer, som har tagit emot frälsning. De skall föra in allt i Nya Jerusalem med vilket de gav äran till Gud medan de spred Jesu Kristi väldoft på den här jorden.

När ett barn studerar hårt och får högre betyg kommer han att skryta inför sina föräldrar. Föräldrarna kommer att glädja sig med honom eftersom de är stolta över sitt barns hårda arbete, även om han inte har fått det högsta betyget. På samma sätt är det med oss. Beroende på hur mycket vi handlar i tro för Guds rike här på den här jorden, så sprider vi Jesu Kristi väldoft och ger äran till Gud, en ära som Han tar emot med glädje.

Det står att "jordens kungar skall föra in sin härlighet i den" och orsaken till att det står "jordens kungar" först är för att visa den andliga rangordningen med vilken människor skall komma inför Gud.

De som är kvalificerade att bo i Nya Jerusalem för evigt med härligheten som solen kommer att vara de första att gå inför Gud efterföljda av dem som blivit frälsta från alla folkslag med sin respektive härlighet. Vi måste inse att om vi inte har kvalifikationerna att bo i Nya Jerusalem för evigt kan vi endast besöka staden stundtals.

De som aldrig kan komma in Nya Jerusalem

Kärlekens Gud vill att alla skall ta emot frälsningen och Han vill belöna varenda en med en boplats och himmelska priser efter hans eller hennes gärningar. Det är därför som de som inte har kvalifikationerna att komma in i Nya Jerusalem kommer att vara i det Tredje, Andra, eller Första Kungadömet, eller Paradiset beroende på måttet av deras tro. Gud håller speciella banketter och inbjuder dem till Nya Jerusalem så att de också kan få njuta av den magnifika staden.

Men du kan se att det finns människor som inte kan komma in i Nya Jerusalem även om Gud skulle vilja ha barmhärtighet över dem. Det är nämligen dem som inte tog emot frälsningen som aldrig kan få se Nya Jerusalems härlighet.

Aldrig någonsin skall något orent komma in i den, och inte heller någon som handlar skändligt och lögnaktigt, utan endast de som är skrivna i livets bok som tillhör Lammet (Uppenbarelseboken 21:27).

Ordet "orent" syftar här på människor som har dömt eller fördömt andra, och som klagat, allt för att vinna egna fördelar eller för egna intressens skull. Dessa slags människor antar en domares roll och fördömer andra efter sin egen vilja, istället för att förstå dem. "Skändighet" innebär gärningar som kommer utifrån ett avskyvärt hjärta på ett tvekande sätt. Eftersom sådana människor har godtyckliga och ombytliga hjärtan och sinnen, tackar de endast när de tar emot bönesvar, men klagar och gnäller om de möter svårigheter. De människorna med skamfyllda hjärtan bedrar på samma sätt sina egna samveten och tvekar inte att vända kappan efter vinden så länge det tjänar deras egna intressen.

En "lögnaktig" person är en som bedrar sig själv och sitt samvete, och vi vet att denna slags bedragelse blir en fälla från Satan. De finns patologiska lögnare och sådana som ljuger för andas bästa, men Gud vill att vi till och med skall göra oss av sådana lögner. Det finns människor som skadar andra genom att vittna falskt, och en sådan person som bedrar andra med ondskefulla intentioner kommer inte att bli frälst. De som vidare bedrar den Helige Ande eller i Guds arbete är också "lögnaktiga." Judas Iskariot, en av Jesu tolv lärjungar, hade hand om penningpungen och bedrog Guds arbete genom att stjäla från kassan, och begick även andra synder. När Satan till slut for in i honom sålde han Jesus för trettio silvermynt och blev för evigt förkastad.

Det finns människor som ser sjuka människor bli helade och demoner drivas ut genom den Helige Ande i Guds kraft, men fortsätter att förneka dessa gärningar och säger istället att det är Satans verk. Dessa människor kan inte komma in i himlen eftersom de hädar och talar emot den Helige Ande. Vi skall inte i Guds ögon, under några omständigheter, ljuga.

Suddas ut från Livets bok

När vi blir frälsta genom tro blir våra namn uppskrivna i Livets Bok som tillhör Lammet (Uppenbarelseboken 3:5). Trots detta betyder det inte att alla som har accepterat Jesus Kristus kommer att bli frälsta. Vi kan faktiskt endast bli frälsta när vi handlar efter Guds Ord och efterliknar Herrens hjärta genom att omskära våra hjärtan. Om vi fortfarande handlar i osanning trots att vi har accepterat Jesus Kristus, kommer våra namn att suddas ut från Livets Bok och inte ens kunna ta emot frälsning.

När det gäller detta berättar Uppenbarelseboken 22:14-15 för oss att välsignade är dem som har tvättat sina kläder och de som inte har tvättat sina kläder kommer inte att bli frälsta:

Saliga är de som tvättar sina kläder. De skall få rätt till livets träd och få komma in i staden genom dess portar. Men utanför är hundarna och trollkarlarna, de otuktiga och mördarna, avgudadyrkarna och alla som älskar lögn och far med osanning.

"Hundar" betyder här de som om och om igen far med osanning. De som inte vänder om från sina onda gärningar utan fortsätter att göra ont kan aldrig bli frälsta. De är som hundar som vänder åter till sina spyor, och som ett svin som efter att ha blivit tvättad, återigen vältrar sig i smutsen. Detta beror på att de verkar ha gjort av med all sin ondska men ändå upprepar sina onda vägar, och de verkar ha blivit bättre, men de återvänder till ondskan.

Men Gud känner de personer som har tro till att kämpa för att handla gott, även om de inte helt och hållet handlar efter Guds ord ännu. De kommer till slut att bli frälsta eftersom de fortfarande förändras och Gud bedömer deras kämpande som tro.

"Trollkarlar" är de som utövar magi. De handlar skändigt och får andra att tillbe falska gudar. Detta är en vederstygglighet inför Gud.

"Otuktiga" människor är de som begår äktenskapsbrott trots att han eller hon har en fru eller man. Det finns inte bara fysiskt äktenskapsbrott utan även andligt äktenskapsbrott, vilket är att älska något mer än Gud. Om en person som tydligt har upplevt den levande Guden och insett Hans kärlek, men vänder sig till att älska världsliga ting som pengar eller sin familj mer än Gud, då begår en sådan person andligt äktenskapsbrott och det är inte rätt inför Gud.

"Mördare" är sådana som begår fysiska eller andliga mord. Om du vet om den andliga betydelsen i ordet "mördare" kommer du förmodligen inte frimodigt kunna säga att du inte har mördat någon. Ett andligt mord är att vara orsaken till att Guds barn syndar och förlorar sitt andliga liv (Matteus 18:7). Om du orsakar smärta hos andra med någonting som är emot sanningen, är det också ett andligt mord (Matteus 5:21-22).

Det är också ett andligt mord att hata, vara avundsjuk eller svartsjuk, att döma, fördöma, diskutera, och bli arg, att bedra, ljuga, ha meningsskiljaktigheter och splittring, att skvallra och sakna kärlek och barmhärtighet (Galaterbrevet 5:19-21). Ibland finns det människor som förlorar fotfästet i sin egen ondska. Om de till exempel lämnar Gud på grund av att de är besvikna över någon i församlingen, är det i deras egen ondska. Om de verkligen hade trott på Gud, skulle de aldrig förlorat sitt fotfäste.

"Avgudadyrkare" är det som Gud hatar mest. I avgudadyrkan finns det fysisk avgudadyrkan och andlig avgudadyrkan. Fysisk avgudadyrkan är att göra sig en bildstod till gud och tillbe den (Jesaja 46:6-7). Andlig avgudadyrkan är att älska något mer än du älskar Gud. Om man älskar sin äkta hälft eller barn mer än man älskar Gud i sin strävan efter sina egna begär, eller bryter Guds befallning genom att älska pengar, kändisskap eller kunskap mer än man älskar Gud, är detta andlig avgudadyrkan.

Oavsett hur mycket sådana människor ropar "Herre, Herre" och kommer till kyrkan, kan de inte bli frälsta och komma in i himlen eftersom de inte älskar Gud.

Om du därför accepterar Jesus Kristus, tar emot den Helige Ande som Guds gåva, och ditt namn skrivs ner i Livets Bok som tillhör Lammet, se då till att du kommer ihåg att du enbart kan komma in i himlen och avancera mot Nya Jerusalem när du handlar i enlighet med Guds Ord.

Nya Jerusalem är platsen där endast de som är fullständigt helgade i sina hjärtan och betrodda i hela Guds hus kan vara.

De som å ena sidan kommer in i nya Jerusalem kan möta Gud ansikte mot ansikte, ha underbara samtal med Herren, och få del av ofattbar ära och härlighet. De som å andra sidan bor i Paradiset, det Första, Andra eller Tredje Kungadömet i himlen kan endast besöka staden Nya Jerusalem när de blir inbjudna till speciella banketter, inklusive de som anordnas av Gud Fadern.

Kapitel 8

"Jag såg den heliga staden, Nya Jerusalem"

1. Himmelska hus i ofattbar storlek
2. Ett magnifikt slott med fullständig avskildhet
3. Sevärdheter i himlen

Saliga är ni, när människor hånar och förföljer er, ljuger och säger allt ont om er för min skull. Gläd er och jubla, ty er lön är stor i himlen. På samma sätt förföljde man profeterna före er.

- Matteus 5:11-12 -

"Jag såg den heliga staden, Nya Jerusalem"

I Nya Jerusalem är de himmelska husen byggda så att människorna vars hjärtan helt och hållet efterliknar Guds hjärta kommer att bo i dem senare. Efter ägarens tycke och smak är de byggda med ärkeänglar och änglar som arbetsledare för konstruktionen, med Herren som tillsyningsman. Det är ett privilegium som endast dem som kommer till Nya Jerusalem kan få. Ibland ger Gud själv order till en ärkeängel att bygga ett hus specifikt för en speciell person så att det kan göras exakt efter ägarens smak. Han glömmer inte ens bort en enda tår som Hans barn har gråtit för Hans rike och belönar dem med vackra och dyrbara stenar.

Som vi ser i Matteus 11:12 talar Gud tydligt om för oss att efter den grad som vi vinner de andliga slagen och mognar i tron, kan vi äga en ännu vackrare plats i himlen:

Och från Johannes döparens dagar intill denna stund tränger himmelriket fram med storm, och människor storma fram och rycka det till sig.[1]

Kärlekens Gud har under många år lett oss till att storma fram och rycka till oss himmelriket, och tydligt visat oss de himmelska husen i Nya Jerusalem. Detta beror att sedan Herren har gått för att bereda plats för oss har nu Hans återkomst kommit mycket närmare.

---

[1] 1917 års översättning

1. Himmelska hus i ofattbar storlek

I Nya Jerusalem finns det många vackra hus i ofattbar storlek. Bland dem finns det ett så vackert och magnifikt hus byggt på ett mycket stort område. I hjärtat av det ligger ett runt, tre våningar högt slott som är storslaget och vackert, och runt slottet finns många byggnader och annat man kan njuta av som till exempel åkattraktioner man finner på nöjesparker, allt för att få platsen att se ut som en världsberömd nöjespark. Vad som verkligen förvånar en är att detta stadsliknande himmelska hus tillhör en enda individ som blev kultiverad här på jorden!

Välsignade är de ödmjuka för de skall ärva jorden

Om vi har den ekonomiska kapaciteten här på jorden kan vi köpa ett mycket stort landområde och bygga vackra hus på precis det sätt som vi vill ha dem. Men i himlen kan vi varken köpa mark eller bygga hus, oavsett hur rika vi är. Detta beror på att Gud belönar oss mark eller hus beroende på våra gärningar.

Matteus 5:5 säger, *"Saliga är de ödmjuka, de skall ärva jorden."* Beroende på hur mycket vi efterliknar Herren och uppnår andlig ödmjukhet på den här jorden kan vi "ärva jorden" i himlen. Det beror på att en person som är andligt ödmjuk kan välkomna alla människor, och de kan komma till honom och finna lugn och ro. En sådan person skulle ha frid med alla, oavsett situation, eftersom hans hjärta är omtänksamt och mjukt som bomull.

Men om vi kompromissar med världen och går emot sanningen för att kunna ha frid med andra människor är detta inte alls andlig ödmjukhet. En person som verkligen är ödmjuk

"*Jag såg den heliga staden, Nya Jerusalem*"

kan inte bara välkomna många människor med ett mjukt och varmt hjärta, utan måste också vara modig och stark nog att till och med riskera sitt liv för sanningen.

En sådan person kan vinna många människors hjärtan och leda dem till vägen till frälsning och till en bättre plats i himlen eftersom han har kärlek och omtänksamhet. Det är därför han kan äga ett så stort hus i himlen. Huset som därför beskrivs härefter tillhör en verkligt ödmjuk person.

Ett stadsliknande hus

I hjärtat av huset finns ett stort slott som är dekorerat av många juveler och guld. Dess tak är cirkelformat och gjort av karneol och skiner mycket klart. Runt omkring det skinande, klara slottet flyter floden med Livets Vatten som har sitt ursprung från Guds tron, och många byggnader får det att se ut som en metropol. Det finns även en nöjespark med åkattraktioner dekorerade med guld och många juveler.

På ena sidan av detta enorma rymliga landområde finns skogar, slätter och en stor sjö, och på andra sidan finns vidsträckta höjder med blommor och vattenfall. Det finns även ett hav med ett stort kryssningsfartyg likt Titanic som flyter där.

Låt oss ta en titt på detta praktfulla hus. Det finns tolv portar på fyra sidor, och låt oss gå in genom huvudporten varifrån man kan se det stora slottet i hjärtat av huset.

Huvudporten är dekorerad med många juveler och vaktas av två änglar. De är maskulina och ser mycket starka ut. De står utan att blinka och deras uppenbara värdighet får dem att verka väldigt oåtkomliga.

151

På ena sidan om porten står runda, vackra och stora pelare. Murarna dekorerade med många juveler och blommor verkar vara oändliga. När du ledd av änglar går in genom porten som öppnas automatiskt, kan du i fjärran se det stora slottet med rött tak som utstrålar vackra ljus ner över dig.

När du ser alla husen i olika storlekar dekorerade med många juveler, kan du inte hjälpa att känna dig djupt berörd av Guds kärlek som belönar dig trettiofalt, sextiofalt eller hundrafalt av det du har gjort och offrat. Du är tacksam för att Han utgav sin ende Son för att leda dig till vägen till frälsning och evigt liv. Inte nog med det, Han har också förberett ett sådant vackert hus för dig, och ditt hjärta börjar överflöda av tacksamhet och glädje.

Också på grund av ett milt, klart och vackert lovsångsljud som hörs över hela slottet kommer en outsäglig frid och lycka över din ande och du känner dig så känslofylld:

> Långt ner i djupet av min ande ikväll
> spelas en melodi ljuvligare än psalm;
> I himmelsk harmoni det oupphörligt faller
> över min själ som ett oändligt lugn.
> Frid! Frid! Underbar frid
> kommer från Fadern ovan ned!
> Sveper över min ande för evigt, min bön det är,
> i gränslösa vågor av kärlek.

Gyllene vägar klara som glas

Låt oss nu gå till det stora slottet i hjärtat av huset och gå längs den gyllene vägen. När vi går in genom huvudporten

"Jag såg den heliga staden, Nya Jerusalem"

välkomnar träd av guld och juveler med aptitretande frukter på båda sidorna av vägen varje besökare. Besökarna kan ta sig en frukt som smälter i munnen och är så smakfull att hela kroppen blir full av energi och glädje.

På båda sidorna av de gyllene vägarna hälsar blommor i alla de möjliga storlekar och färger gästerna med sina dofter. Bakom dem finns gyllene grästuvor och många sorters träd som kompletterar en vacker trädgård. Blommor av vackra regnbågsfärger verkar sända ut ljus, och varje blomma sprider sin unika doft. På vissa av dessa blommor sitter insekter fjärilar i regnbågens alla färger och pratar med varandra. På träden hänger många aptitretande frukter bland de skinande grenarna och löven. Många slags fåglar med gyllene fjädrar sjunger i träden och gör hela helhetsintrycket så fridfullt och lyckligt. Det finns också en del djur som ryter fridfullt.

En molnbil och en gyllene vagn

Nu står du vid den andra porten. Huset är så stort att det finns en annan port innanför huvudporten. Inför dina ögon breder ett stort område ut sig som liknar ett garage där många molnbilar och en gyllene vagn är parkerade, och du överväldigas av denna ofattbara syn.

Den gyllene vagnen som är utsmyckad med stora diamanter och juveler är till för husets ägare och har en sittplats. När vagnen rör sig lyser den som en fallande stjärna på grund av så många glittrande juveler, och hastigheten är mycket snabbare än molnbilarnas.

En molnbil är omgiven av rena vita moln och vackra ljus i många färger, och har fyra hjul och vingar. Fordonet rullar på hjul på marken, och när den flyger dras hjulen automatiskt tillbaka och vingarna sträcks ut så att den kan köra och flyga fritt. Hur stor auktoritet och ära skulle det vara att resa till många platser i himlen med Herren i molnbilar, eskorterade av himmelska härar och änglar? Om en enda molnbil ges till varje person som kommer till Nya Jerusalem, kan du då föreställa dig hur mycket ägaren av detta hus har belönats eftersom det finns ett stort antal molnbilar i hans garage?

Ett stort slott i centrum

När du kommer till det stora och vackra slottet i en molnbil, kan du se en tre våningar hög byggnad med karneoltak. Denna byggnad är så enorm att den inte kan jämföras med någon byggnad på denna jord. Det verkar som om hela slottet långsamt roterar, och det ger ut glänsande sken och så starkt ljus att slottet ser levande ut. Rent guld och jaspis sprider en strålglans med klart och genomskinligt gyllene ljus i en blåaktig färg. Ändå kan man inte se igenom utan det ser ut som en skulptur utan några skarvar. Väggarna och blommorna runt dessa väggar ge ut underbara dofter som skänker lycka och glädje som inte kan beskrivas med ord. Blommor i olika storlekar skapar ett storslaget landskap, och deras olika former och dofter som utgör en utmärkt kombination.

Vad är det då för särskilda skäl till att Gud har gett personen ett sådant vidsträckt landområde och ett så stort vackert hus? Det beror på att Gud aldrig har missat eller glömt något som Hans barn har gjort i det att de har arbetat för Hans rike och rättfärdighet här på jorden och Han belönar dem i överflöd.

Jag gläds och om igen över min älskade.

"Jag såg den heliga staden, Nya Jerusalem"

Denne älskade mig så mycket
att han gav sitt allt.
Han älskade mig mer
än sina föräldrar och bröder,
han undanhöll inte sina egna barn,
och han ansåg att hans liv värdelös
och gav upp det för mig.

Hans ögon var alltid fokuserade på mig.
Han lyssnade på mitt Ord fullt ut.
Han sökte endast min ära.
Han var endast tacksam
till och med när han genomled orättvist lidande.
Även mitt under förföljelser,
bad han i kärlek
för dem som förföljde honom.
Han övergav aldrig någon enda
inte ens när man förrådde honom.
Han gjorde sin plikt med glädje,
även under outhärdlig sorg.
Han frälste många själar
och till fullo förverkligade min vilja,
bärandes mitt hjärta.

Eftersom han förverkligade min vilja
och älskade mig så mycket,
har jag förberett
detta stora och praktfulla hus
i Nya Jerusalem.

2. Ett magnifikt slott med fullständig avskildhet

Som du kan se finns Guds speciella beröring på just de hus som tillhör dem som är storligen älskade av Honom. Dessa hus har helt andra nivåer av skönhet och härlighetsljus än andra hus till och med inne i Nya Jerusalem.

Det stora slottet i centrum är en plats där ägaren kan njuta av total avskildhet. Det är för att kompensera honom för hans verk och hans böner i tårar då han fullföljde Guds rike och det faktum att han tog hand om själarna dag och natt utan möjlighet till privatliv.

Den allmänna strukturen på hans slott har huvudbyggnaden mitt i slottet, och slottsgården har två lager murar. Det finns ytterligare en mur mitt i, mellan huvudbyggnaden i mitten och den yttre muren. Därför är hela slottsgården uppdelad i det inre slottet och det yttre slottet, vilket är från huvudbyggnaden till muren i mitten och från muren i mitten till den yttre muren.

För att därför nå huvudbyggnaden på detta slott måste vi gå igenom huvudporten och sedan ytterligare en port i muren i mitten. I den yttre muren finns det många portar, och porten som ligger i linje med framsidan på huvudbyggnaden är huvudporten. Huvudporten är utsmyckad med olika ädelstenar och två änglar vaktar den. De två änglarna har maskulina ansikten och ser väldigt starka ut. De rör inte ens på sina ögon när de vaktar och vi kan känna deras värdighet.

På andra sidan huvudporten står stora cylinderformade pelare. Murarna är dekorerade med juveler och blommor och de är så

"Jag såg den heliga staden, Nya Jerusalem"

långa att man inte kan se slutet på dem. Eskorterade av änglarna går vi in genom huvudporten som öppnas automatiskt och då skiner ett strålande och vackert ljus mot oss. Och det finns en gyllene väg som är som kristall som sträcker sig ut direkt från huvudporten. När vi går längs den gyllene vägen når den andra porten. Denna port ligger i muren som står i mitten och som skiljer det inre slottet från det yttre. När vi går igenom denna andra port ser vi en stor plats som liknar en enorm parkeringsyta som finns här på jorden. Här står mängder av molnliknande bilar parkerade. Det står också en gyllene vagn bland molnbilarna.

Slottets huvudbyggnad är så stor att den överträffar alla byggnader på jorden. Det är en tre våningar hög byggnad. Varje våning på byggnaden är cylinderformad och området för golvet blir mindre från den ena våningen till den andra. Taket är som en lökformad kupol.

Murarna vid huvudbyggnaden är gjorda av rent guld och jaspis. Därför sprids det blåaktiga ljuset och det klara och genomskinliga gyllene ljuset manifika ljus som är i harmoni. Ljuset är så starkt att det känns som om huset själv lever och rör sig. Hela byggnaden sprider bländande ljus och det ser ut som om det snurrar runt fast väldigt sakta.

Nu ska vi gå in i detta stora slott!

Tolv portar för att komma in i slottets huvudbyggnad

Huvudbyggnaden har tolv portar man kan gå in genom. På grund av huvudbyggnadens väldiga storlek är det ganska långt mellan de olika portarna. Portarna är bågformade och alla portar har en bild på en nyckel ingraverad. Under bilden på nyckeln står portens namn ingraverat med det himmelska alfabetet. Dessa bokstäver är ingraverade med juveler och varje port är dekorerad med varsin juvel.

Under dem står det förklaringar till varför just den porten är namngiven just så. Gud Fadern har sammanfattat vad husets ägare har gjort på jorden och uttryckt det på de tolv portarna.

Den första porten är "Frälsningens port." Det förklaras hur ägaren blev en herde för så många människor och ledde mänger av själar till frälsning över hela världen. Bredvid Frälsningens port ligger "Nya Jerusalems port." Under namnet på porten förklaras det att ägaren har lett så många själar till Nya Jerusalem.

Sedan finns det "Kraftens port." Först finns det fyra portar för de fyra nivåerna av kraft och sedan finns det Skapelsekraftens port och Den allra högsta kraftens port. På dessa portar står det förklarat om hur alla dessa krafter har botat så många människor och ärat Gud.

Den nionde är "Uppenbarelsens port" och på denna port står det att ägaren fick så många uppenbarelser och förklarade Bibeln väldigt tydligt. Den tionde är "Bragdens port." Det är till åminnelse för insatser och bragder som t ex uppbyggandet av Den stora helgedomen.

Den elfte är "Bönens port." Denna port förklarar för oss hur denna ägare bad med hela sitt liv för att fullfölja Guds vilja med sin kärlek till Gud, och hur han sörjde och bad för själarna.

Den sista och tolfte är en port med innebörden "Vinna över

fienden djävulen, Satan." Det förklaras att ägaren övervann allt med tro och kärlek när fienden djävulen, Satan försökte skada honom och få honom förtvivlad.

Speciella inskriptioner och mönster på väggarna

Väggarna som är gjorda av rent guld och jaspis är fulla av mönster med reflekterande skrifter och teckningar. Varje detalj i förföljelserna och alla hånfulla kommentarer han utstått för Guds rikes skull och alla gärningar med vilka han förhärligade Herren är nedskrivna. Vad som är ännu mer häpnadsväckande är att Gud själv har graverat in dessa poetiska skrifter och brev som utger vackra, strålande ljus.

Om du kommer in i slottet efter att ha passerat en av dessa portar kan du se saker som är ännu vackrare än vad du såg på utsidan. Ljusen från juvelerna överlappar varandra två eller tre gånger för att få det att se så härligt ut.

Inskriptioner om ägarens tårar, strävanden, och ansträngningar på denna jord är också de inristade på innerväggarna och de ger ut sådant strålande sken. De gångerna då han offrade ivriga nattböner för Guds rike och den rena aromen då han gav upp sig själv som ett drickoffer för själarna finns nedskrivna i diktform och ger ut vackra ljus.

Gud Fadern har också gömt de flesta detaljer i inskriptionerna så att Gud själv får uppenbara det för ägaren när han anländer. Det är för att Gud ska få ta emot hans hjärta som förhärligar Fadern med djup känsla och tårar när Han visar honom dessa skrifter och säger, "Jag har förberett detta för dig."

Även i den här världen när vi älskar någon är det en del som skriver namnen på personen hela tiden. De skriver namnet på ett anteckningsblock eller i sin dagbok, i sanden och till och med ristar in det på träd eller på stenar. De vet inte hur de ska uttrycka sin kärlek så de bara fortsätter att skriva namnet på personen de älskar.

På ett liknande sätt finns det ett fyrkantigt guldplakat som bara har tre ord. De tre orden är: "Fader", "Herre" och "Jag." Husets ägare kunde inte bara uttrycka sin kärlek till Fadern och Herren med ord. Det visar vad som finns i hans hjärta.

Möten och banketter på första våningen

Detta slott är för det mesta inte öppet för andra, men vid vissa tillfällen öppnas det när det hålls banketter eller baler där. Det finns en mycket stor balsal där ett oändligt antal människor kan samlas för bankett. Det används även som mötesplats där ägaren kan dela sin kärlek och glädje och samtala med gästerna.

Salen är rund och så stor att man inte kan se slutet på den. Golvet har en vitaktig färg och är väldigt jämt. Det har så många juveler och skiner klart. I salens mitt finns en kristallkrona i tre nivåer som förstärker rummets värdighet, och det finns många gyllene ljuskronor i olika storlekar längs med rummets sidor som förstärker salens skönhet. I mitten av salen finns det även en rund scen och många bord är utställda i längder runt scenen. De som är inbjudna intar sina platser under ordning och samtalar vänligt med varandra.

Alla dekorationer inuti byggnaden är gjorda helt och hållet efter ägarens smak och deras ljus och former är så vackra och ljuvliga. Varje juvel i den har Guds speciella beröring, och det är en sådan ära att bli inbjuden till denna bankett som hålls av husets ägare.

Hemliga rum och mottagningsrum på andra våningen

På andra våningen i detta stora slott finns det många rum och varje rum bär på en hemlighet som endast till fullo kommer att uppenbaras i himlen, som Gud belönar ägaren med efter hans gärningar. Ett speciellt rum har ett oändligt antal kronor av olika slag, likt ett museum. Många kronor är där prydligt placerade såsom en gyllene krona, gulddekorerad krona, kristallkrona, pärlekrona, blomsterkrona och många andra kronor utsmyckade med många slags juveler. Dessa kronor är belöningar för varje gång som ägaren förverkligat Guds rike och gett ära till Honom här på jorden, och deras storlek och form, och material och dekorationer är alla olika för att visa skillnaden i äran. Dessutom finns det stora rum som fungerar som garderober för kläder och för att skydda juvelornament som hanteras med särskild omsorg av änglar.

Det finns även ett prydligt fyrkantigt rum utan några speciella dekorationer som kallas "Bönens rum." Det är givet eftersom ägaren har offrat så många böner på denna jord. Vidare finns det ett rum med många tv-skärmar. Detta rum kallas "Våndans och sorgens rum" och här kan ägaren se allt från sitt jordiska liv närhelst han önskar. Gud har bevarat varenda ögonblick och händelse i ägarens liv eftersom han fått lida så oerhört medan han gjorde Guds verk och tjänst och fällt många tårar för själarna.

Det finns även en vackert dekorerat plats på andra våningen

där han kan ta emot profeterna med vilka han kan dela sin kärlek och ha vänliga samtal med dem. Han kan möta profeter som Elia som åkte upp till himlen i vagn och hästar av eld, Hanok som vandrade med Gud under 300 år, Abraham som behagade Gud med tro, Mose som var mer ödmjuk än någon människa på jordens yta, och den så passionerade aposteln Paulus och de övriga, och njuta av att samtala med dem om deras liv och omständigheter på jorden.

Tredje våning är reserverad för att dela Herrens kärlek

Tredje våningen i det stora slottet är inredd så underbart för att ta emot Herren och har härliga samtal så länge och mycket som möjligt. Det är givet för att ägaren älskade Herren mer än någon annan, och försökte efterlika Hans gärningar genom att läsa de fyra evangelierna, och tjänade och älskade alla på samma sätt som Herren hade tjänat sina lärjungar. Han bad dessutom med så många tårar för att leda oändligt antal själar till frälsningsvägen genom att ta emot Guds kraft som Herren gjorde och sedan visade upp oräkneliga bevis på den levande Guden. Tårar brukade rinna nerför kans kinder när han tänkte på Herren, och många nätter var han sömnlös då han uppriktigt saknade Herren. Och precis som Herren som bad hela natten, bad ägaren alla nätter så många gånger och försökte göra sitt bästa för att förverkliga Guds rike.

Hur glädjefylld och lycklig han kommer att vara när han möter Herren ansikte mot ansikte och delar sin kärlek med Honom i Nya Jerusalem.

Jag kan se min Herre!
Jag kan fästa ljuset i Hans ögon
i mina egna,
jag kan lägga Hans milda leende i mitt hjärta,
och allt detta är en sådan stor glädje för mig.

Min Herre,
hur mycket jag älskar Dig!
Du har sett allt
och vet allt.
Nu får jag stor glädje
i att kunna bekänna min kärlek.
Jag älskar dig, Herre.
Jag har saknat dig så.

Samtalen med Herren kommer aldrig bli tröttsamma eller tråkiga.
Det är Gud Fadern som på ett sådant bedårande sätt har inrett den tredje våningen med ornament, juveler i detta magnifika hus som tar emot denna kärlek. Glansen och allt det välgjorda kan inte beskrivas, och belysningen är väldigt speciell. På samma sätt kan du känna Guds rättvisa och lyhörda kärlek som belönar dig efter dina gärningar genom att bara titta runt på husen i himlen.

3. Sevärdheter i himlen

Vad mer finns runt det stora slottet? Om jag försöker beskriva det stadsliknande huset i minutiösa detaljer skulle bara det vara tillräckligt för att skriva en bok. Runt slottet finns en stor trädgård och många olika slags byggnader som är vackert dekorerade och i harmoni. Pool, nöjesfält, stugor, och operahus får det här huset att se ut som en stor turistattraktion.

Gud belönar allt man har gjort

Skälet till att ägaren kan ha ett hus med så många anläggningar är för att han överlät hela sin kropp, sinne, tid, och pengar till Gud här på jorden. Gud belönar allt han gjorde för Guds rike inklusive att leda oändligt anta själar till frälsningsvägen och byggandet av Guds församling. Gud har makt att inte bara ge oss det vi begär utan också vad vi önskar i våra hjärtan. Vi ser att Gud kan utforma mer perfekt och vackrare än någon utomordentlig arkitekt eller stadsplanerare på jorden, och visa enhet och mångfald på samma gång.

Här på jorden kan vi, för det mesta, äga vad vi vill om vi bara har tillräckligt med pengar. Men så är det inte i himlen. Varken huset som man bor i, kläder, juveler, kronor, nej inte ens betjänande änglar kan köpas eller hyras, utan ges endast efter ens mått av tro och trofasthet till Guds rike.

Som vi läser i Hebreerbrevet 8:5, *"De tjänar i den helgedom som är en skuggbild av den himmelska helgedomen, enligt den föreskrift som Mose fick när han skulle bygga tabernaklet"*, förstår vi att denna värld är en skuggbild av himlen och de flesta djur, växter och natur även finns i himlen. De är enormt mycket vackrare än de som finns på jorden.

Låt oss utforska trädgårdarna som är fyllda av så många blommor och växter.

Platser för tillbedjan och Den stora helgedomen

Nedanför slottet i centrum finns det en väldigt stor inre gård där många blommor och träd skapar en oerhört vacker utsikt. På vardera sidan om slottet ligger stora tillbedjansplatser där människor då och då kan komma och ära Gud med lovsång. Detta himmelska hus, som är ofattbart stort, är som en berömd turistattraktion utrustad med så många faciliteter, och eftersom det tar så lång tid för människor att se sig om i huset finns det tillbedjansplatser där de kan vila.

Tillbedjan i himlen är fullständigt annorlunda från den som vi är vana vid på jorden. Vi är inte bundna vid formaliteter utan kan ge ära till Gud med nya sånger. Om vi sjunger sånger av ära till Fadern och av kärlek till Herren, kommer vi bli uppfriskade som när vi tar emot fullheten av den Helige Ande. Då kommer vi ha djupare känslor i våra hjärtan och vi kommer bli fyllda av tacksamhet och glädje.

Förutom dessa heliga platser har det här slottet en byggnad som har exakt samma form som en särskild helgedom som existerade på jorden. Medan ägaren till det här slottet var på jorden tog ägaren emot uppgiften från Gud Fadern att bygga en enorm och stor helgedom, och samma slags helgedom är också byggd i Nya Jerusalem.

Ungefär som David i Gamla testament har ägaren till detta slott också längtat efter Guds tempel. Det finns många byggnader i världen, men inte riktigt någon byggnad som visar Guds värdighet och ära. Han kände sig alltid bedrövad över det.

Han fick så stor favör för att bygga en helgedom som enbart är till Gud Skaparen. Gud Fadern accepterade detta längtande hjärta och förklarade mycket detaljerat för honom om formen, storleken, utsmyckningar och till och med helgedomens inre strukturer. Det var helt omöjligt med mänskliga tankar, men han handlade enbart med tro, hopp och kärlek; och till slut byggdes Den stora helgedomen.

Denna stora helgedom är inte bara en stor och magnifik byggnad. Den är tårarnas kristaller från de troendes energi som verkligen älskar Gud. För att denna helgedom skulle kunde byggas har världens skatter använts. Nationers kungars hjärtan var tvungna att bli berörda. Och för att göra det var det som var mest nödvändigt skedde kraftfulla gärningar från Gud som gick bortom mänsklig fantasi.

Det här slottets ägare övervann så svåra andliga strider på egen hand genom att ta emot den här kraften. Han trodde på Gud som gjorde det omöjliga möjligt enbart med godhet, kärlek och lydnad. Han bad hela tiden och det ledde till att han byggde Den stora helgedomen som Gud accepterade med glädje.

Gud Fadern som kände till allt detta byggde också en reproduktion av denna stora helgedom i den här personens slott. Den stora helgedomen i himlen är förstås byggd av guld och juveler vackrare än något annat material på jorden och kan inte ens jämföras med det, trots att formen är densamma.

Ett konserthus som Sydneys operahus

I det här slottet finns ett konserthus som liknar operahuset i Sydney, Australien. Det finns en orsak till varför Gud Fadern bygger ett sådant konserthus i detta slott. När ägaren till det här slottet var på jorden organiserade han många team som uppträdde och han förstod Guds hjärta som njuter av lovsång. Och han ärade Gud Fadern storligen genom vackra och graciösa kristna uppträdanden.

Det var inte bara yttre uppträdanden, förmågor och tekniker. Han ledde artisterna på ett andligt sätt så att de kunde prisa Gud med sann kärlek från djupet av deras hjärtan. Han tränade många artister som kunde offra upp en sådan lovsång till Gud som Han verkligen kunde ta emot. För detta har Gud Fadern byggt ett vackert konserthus så att alla dessa artister fritt utifrån deras hjärtans önskan skulle kunna visa upp sina förmågor i detta slott.

En stor sjö sträcker sig ut framför denna byggnad och det ser ut som om byggnaden flyter på vattnet. När vattenfontänen sprutar upp vatten från sjön sprider vattendropparna som faller ner ljus som juveler. Konserthuset har en fantastisk scen dekorerade av många olika slags juveler och många stolar väntar på att publiken ska komma. Här kommer änglar uppträda i vackra dräkter.

Dessa änglar som uppträder kommer dansa i kläder som utstrålar ljus från skinande genomskinliga juveler som vingar på trollsländor. Alla deras rörelser är fullkomligt oklanderliga och vackra. Det finns också änglar som sjunger och spelar musikinstrument. De spelar med vackra och underbara melodier med sofistikerad förmåga och teknik.

Men även om änglarnas förmågor är så bra är väldoften från lovsången och dansen väldigt annorlunda från det som Guds barn gör. Guds barn har djup kärlek och tacksamhet till Gud i sina hjärtan. Från hjärtat som har gjorts vackert genom den mänskliga kultiveringen utsöndras väldoften som kan beröra Gud Fadern.

De Guds barn som har uppgiften att prisa Gud på jorden kommer få många möjligheter att ära Gud med sina lovsånger i himlen också. Om en lovsångsledare kommer in i Nya Jerusalem kan han/hon uppträda i detta konserthus som ser ut som operahuset. Och uppträdanden som görs på denna plats sänds ibland direkt till alla boplatser i himmelriket. Att därför få stå på scenen i konserthuset bara en gång kommer bli en mycket stor ära.

En molnbro i regnbågens färger

Floden med Livets Vatten som skiner med silverljus rinner genom hela slottet och omger hela slottet. Dess ursprung är Guds tron och den flödar runt Herrens och den Helige Andes slott, Nya Jerusalem, det Tredje, Andra och Första Kungadömet, Paradiset, och återvänder till Guds tron.

Människor pratar med de färgglada fiskarna medan de sitter på guld och silverbankar längs med floden med Livets Vatten. Det finns gyllene bänkar på vardera sida om floden och runt omkring dem står livets träd. När man sitter på de gyllene bänkarna och ser de aptitretande frukterna kommer betjänande änglar med frukterna i en korg och överlämnar dem artigt till dig bara av att du tänker "Oh, de där frukterna ser så goda ut."

Det finns också vackra, bågformade molnbroar runt floden med Livets Vatten. När du går på molnbroarna i regnbågens alla färger och ser över floden som sakteligen rör sig framåt under dig, känner du det så underbart som om du flög i skyn eller gick på vattnet.

När du korsar floden med Livets Vatten finns det en yttre gård med många sorters blommor och en gyllene gräsmatta, och här känner du dig lite annorlunda än vad du gjorde på innergården.

En nöjespark och en blomsterväg

På andra sidan molnbron ligger en nöjespark som har alla möjliga sorters åkattraktioner som du aldrig har sett, hört talas om eller ens kunnat föreställa dig; inte ens den bästa nöjesparken i världen som Disneyland kan jämföras med denna nöjespark. Tåg gjorda av kristall går genom parken, en piratskeppsinsprierad åkattraktion gjord av guld och många juveler rör sig fram och tillbaka, en karusell annan har en munter rytm, och en stor berg-och-dalbana fängslar åkarna. Närhelst en åkattraktion som dekorerats med många juveler rör sig, ger de ut flera lager med ljus och bara genom att vara där blir du överväldigad av atmosfären på festivalen.

På andra sidan gården finns det en ändlös blomsterväg, och hela vägen är täckt av blommor och man kan gå direkt på blommorna. Den himmelska kroppen är så lätt att du inte känner tyngden och blommorna blir inte nertrampade ens om du går på dem. När du går längs den breda blomstervägen och njuter av de mjuka dofterna, sluter blommorna sina kronblad som om de vore blyga, och skapar en våg genom att sedan vitt öppna sina kronblad. Detta markerar ett speciellt välkomnande och en hälsning. I sagovärlden har blommor ansikten och kan prata, och på samma sätt är det i himlen.

Du blir fullständigt upprymd av att gå på blommorna och njuta av deras doft, och blommorna känner sig lyckliga och ger dig sin tacksamhet för att du går på dem. När du mjukt kliver på dem sprider de ännu underbarare doft. Varje blomma har en unik doft och dofterna blandas samman på olika sätt varje gång så att det känns som om du går på vägen för första gången varje gång du går på den. Det finns blomstervägar utspridda lite här och där som på en vacker tavla för att förstärka detta himmelska hus skönhet. Detta hus är enormt och verkar gränslöst och innehåller alla slags faciliteter.

En stor slätt där djur leker fridfullt

Förbi blomstervägarna ligger en stor, vid slätt och många olika djur som fanns här på jorden finns där också. Du kan självfallet se många andra djur på andra platser men här finns nästan alla slags djur förutom de som stod emot Gud som till exempel drakarna. Scenen som utspelar sig framför dina ögon påminner dig om den vidsträckta savannen i Afrika, och djur lämnar inte sina områden och skuttar omkring fritt trots att det inte finns något stängsel. De är större än djuren här på jorden och har tydligare färger som skiner mycket klarare. Djungelns lag tillämpas inte här.

Alla djur är milda; inte ens lejonen som kallas vilddjurens konung är aggressiv utan väldigt mild och deras gyllene päls är så underbar. I himlen kan du också prata fritt med djuren. Bara föreställ dig hur du njuter av den storslagna och vackra naturen ridande på lejon eller elefanter längs den vida slätten. Det är inte bara något man läser om i en saga utan det är ett privilegium som ges till de som är frälsa och som har fått tag på himlen.

En privat stuga och en gyllene vilstol

Eftersom den här personens hus är som en stor turistattraktion för många i himlen att njuta av, har Gud gett ägaren en stuga som enbart är för hans privata användning. Denna stuga ligger på en liten sluttning, är vackert dekorerad och har en storslagen utsikt. Ingen annan kan komma in i denna stuga eftersom den är privat. Ägaren vilar ensam där inne eller använder den för att ta emot profeter som Elia, Hanok, Abraham och Mose.

Det finns också en annan stuga gjord av kristall och till skillnad från andra byggnader är den så klar och genomskinlig. Trots det kan man inte se insidan från utsidan och ingen annan människa har tillträde till ingången. När ägaren sitter där kan han se hela huset med en enda blick bortom tid och rum. Gud har gjort detta speciellt för ägaren så att han kan känna glädje över att se så många människor besöka hans hus, eller helt enkelt för att vila.

En minnessluttning och en väg för begrundande

Begrundandets väg, där livets träd står på vardera sida är så lugn som om tiden stod stilla. I varje steg som ägaren tar kommer frid ut från hans hjärtas innersta och han påminns som de jordiska tingen. Om han tänker på solen, månen och stjärnorna kommer ett cirkelformat lager som en skärm upp över hans huvud och solen, månen och stjärnorna kommer fram. I himlen är solens, månens och stjärnornas ljus inte nödvändiga eftersom hela platsen är övertäckt av Guds härlighetsljus, men denna skärm är speciellt given till honom för att tänka på de ting som fanns på jorden.

Det finns också en plats som kallas minnessluttningen, och

den formar en stor by. Det är där som ägaren kan se tillbaka på sitt liv på jorden, och där finns kvarlevor som blivit ihopsamlade. Huset som han föddes i, skolorna han gick i, byarna och städerna han bodde i, platserna där han mötte prövningar, platsen han mötte Gud för första gången, och helgedomarna han byggt sedan han blev Guds tjänare finns alla där i kronologisk ordning.

Trots att materialen är synbart annorlunda än de på jorden har hans liv på jorden på ett exakt sätt kopierats så att människor kan gå i fotspåren av hans jordiska liv. Hur förundransvärd Guds mjuka och känslofyllda kärlek är!

Vattenfall och ett hav med öar

När man fortsätter att gå längs begrundandets väg kan man höra ett högt och tydligt ljud på avstånd. Det är ljudet som kommer från vattenfallet som består av så många färger. När vattnet faller bildas små vattendroppar i luften och ljuvliga juveler skiner med så klara ljus. Det är en sådan magnifik syn att se detta höga fall i tre nivåer uppifrån som där nere förenar sig med floden med Livets Vatten. Det finns juveler som skiner med dubbla eller trippla ljus på båda sidorna om vattenfallet, och de sprider sådant överväldigande ljus från vattendropparna. Man känner sig upplivad och fylld av energi bara av att titta på det.

Det finns också en paviljong längst upp på vattenfallet där människor kan njuta av den fantastiska utsikten och vila. Därifrån kan man se det himmelska huset i sin helhet och utsikten är så storslagen och vacker att det inte med ord på den här jorden kan beskrivas.

Det finns ett stort hav bakom slottet och det finns öar i olika storlekar. Det rena och klara havsvattnet skiner som om juveler flöt på vattnet. Det är också så vackert att se fiskarna simma i detta klara hav, och till ens förvåning finns det vackra hus i jadegrön färg under havet. Inte ens den rikaste mannen på den här jorden kan bygga ett hus under havet.

Men eftersom himlen är i den fyrdimensionella världen där allt är möjligt, finns där oändligt mycket saker som vi varken kan förstå eller föreställa oss.

Ett gigantiskt kryssningsfartyg likt Titanic och en kristallbåt

Öarna på havet har många olika slags vilda blommor, sjungande fåglar och dyrbara stenar som tillför skönhet till den vackra utsikten. Här håller man kanot- och surfingtävlingar för att dra till sig många himmelska medborgare. Det finns ett skepp liknande *Titanic* på det mjukt vågiga havet, och skeppet har många olika faciliteter som simpooler, teatrar och bankketthallar. Om du är på detta genomskinliga skepp som helt och hållet är gjort av kristall känns det som om du går på vattnet, och du kan uppleva havets skönhet i en rugbyboll-formad ubåt.

Hur lyckligt det skulle vara att kunna vara på ett skepp som liknar *Titanic*, en kristallbåt eller en rugbyformad ubåt på denna vackra plats och åtminstone tillbringa en dag där! Eftersom himlen är en evig plats kan du njuta av dessa ting för evigt, så länge du har kvalifikationerna att komma in i Nya Jerusalem.

Många sportanläggningar och rekreationsställen

Det finns också sportanläggningar och rekreationsställen som golfbanor, bowlingbanor, simpooler, tennisbanor, volleybollplan, basketplan och så vidare. Dessa är givna som belöningar eftersom ägaren kunde ha njutit av dessa sporter på den här jorden men gjorde det inte på grund av Guds rike och spenderade all sin tid enbart för Honom.

På bowlingbanan som är gjord av guld och juveler i form av en bowlingkägla, är klotet och käglorna gjorda av guld och juveler. Människor spelar i grupper av tre till fem och de har det underbart tillsammans när de hejar på varandra. Klotet känns inte alls tungt till skillnad från de på jorden, så det rullar med kraft ner längs banan även om man bara ger den en mjuk puff. När det slår i käglorna kommer strålande ljus ut tillsammans med ett klart och underbart ljud.

På golfbanan som är byggd på en gyllene gräsmatta, sänker sig gräset automatiskt så att bollen kan rulla under spelets gång. När gräset sjunker ner som dominoplattor ser det ut som en gyllene våg. I Nya Jerusalem lyder till och med gräsmattan dess mästares hjärta. Efter putten kommer en bit moln till spelarens fötter och förflyttar dess mästare till en annan bana. Hur förundransvärt och underbart detta är!

Människor har det så roligt i simpolerna också. Eftersom ingen drunknar i himlen kan till och med de som inte kunde simma på jorden simma utan problem nu. Kläderna blir inte blöta av vattnet utan det rullar av dem likt dagg på ett löv. Människor njuter av simning när som helst eftersom de kan simma med kläderna på.

Sjöar i många storlekar och fontäner i trädgårdarna

Det finns många sjöar i olika storlekar i det stora, vida himmelska huset. När fiskar i många färger i sjön rör på sina fenor som om de dansade för att behaga Guds barn, verkar det som de utbrister sin kärlek högt. Man kan också se fiskar förändra sina färger. En fisk som rör sina silverfenor kan plötsligt förändra dem till pärlfenor.

Det finns väldigt många trädgårdar och varje trädgård har ett unikt namn som beskriver dess unika skönhet och utseende. Skönheten kan inte nog beskrivas eftersom Guds fingeravtryck till och med finns på löven.

Fontänerna ser också annorlunda ut beroende på varje trädgårds tema. Generellt skjuter fontäner upp vatten, men det finns fontäner som sprider många vackra färger och dofter. Det finns nya och dyrbara dofter som man inte har upplevt på jorden, som doften av uthållighet som kommer från pärlan, hänförelsens doft från karneolen, doften av självuppoffring och trofasthet, och många andra. I mitten av fontänen där det sprutar upp finns det inskrifter eller tavlor som förklarar betydelsen av varje fontän och varför den har skapats.

Det finns vidare många andra byggnader och speciella utrymmen i det slottsliknande huset, men det är bara så tråkigt att ingen av dessa faciliteter kan beskrivas i detalj. Det viktiga är att det inte har getts utan orsak och att allt är en belöning enbart på grund av hur mycket man har arbetat för Guds rike och rättfärdighet på den här jorden.

Stor är din belöning i himlen

Nu måste du ha insett att detta himmelska hus är mer än vad man någonsin kan föreställa sig. Det stora slottet med fullständig avskildhet är byggt i centrum och det finns många andra byggnader och faciliteter tillsammans med stora trädgårdar som omger det. Detta hus är som en turistattraktion i himlen. Du kommer förmodligen ändå att bli så överraskad eftersom detta hus som är ofattbart i storlek är förberett av Gud för en person som kultiverades på denna jord.

Vad är då orsaken till att Gud har förberett ett himmelskt hus som är lika stor som en stor stad? Låt oss ta en titt på Matteus 5:11-12:

> *Saliga är ni, när människor hånar och förföljer er, ljuger och säger allt ont om er för min skull. Gläd er och jubla, ty er lön är stor i himlen. På samma sätt förföljde man profeterna före er.*

Hur mycket led aposteln Paulus för att uppnå Guds rike? Han led outsägliga svårigheter och förföljelser i det att han predikade Jesus Kristus för hedningarna. Vi kan se att han arbetade så hårt för Guds rike i 2 Korinterbrevet 11:23 och vidare. Paulus blev fängslad, misshandlad och hamnade i dödlig fara många gånger då han predikade evangeliet.

Trots det klagade Paulus aldrig eller blev bitter utan gladde sig precis som Guds ord befallde honom. Dörren till världsmission bland hedningarna öppnade sig genom Paulus. På grund av det kom han givetvis in i Nya Jerusalem och fick en sådan ära som skiner likt solen i Nya Jerusalem.

Gud älskar alla dem väldigt mycket som arbetar hårt och är trogna till den grad att de offrar sina liv och välsignar dem med så många ting i himlen.

Nya Jerusalem är inte reserverad för någon speciellt person, utan vem som helst som helgar sitt hjärta för att efterlikna Guds eget hjärta och uppfyller sina skyldigheter på ett passionerat sätt kan komma in och bo där.

Jag ber i Herren Jesu Kristi namn att du ska efterlikna Guds hjärta genom ivrig bön och Guds Ord, och fullständigt fullgöra dina uppgifter så att du kan komma in i Nya Jerusalem och utbrista under tårar inför Honom, "Jag är så tacksam för Faderns stora kärlek."

Kapitel 9

Den första banketten i Nya Jerusalem

1. Den första banketten i Nya Jerusalem

2. Profeter med den högsta rangen i himlen

3. Underbara kvinnor i Guds ögon

4. Maria Magdalena befinner sig nära Guds tron

Den som därför upphäver ett av dessa minsta bud och lär människorna så, han skall kallas den minste i himmelriket. Men den som håller dem och lär människorna dem, han skall kallas stor i himmelriket.

- Matteus 5:19 -

Den heliga staden Nya Jerusalem huserar Guds tron och bland det oändligt antal människor som kultiverades på denna jord, finns de människor som har klara och vackra hjärtan likt kristall och de bor i Nya Jerusalem för evigt. Livet i Nya Jerusalem med Treenighetens Gud är fullt av ofattbar kärlek, känslorus, lycka och glädje. Människorna njuter av oändlig lycka på gudstjänsterna och banketterna och har känslofyllda samtal med varandra.

Om du går på en bankett i Nya Jerusalem som hålls av Gud Fadern själv, kan du titta på uppträdanden och dela din kärlek med ett oändligt antal människor från olika boplatser i himlen.

Treenighetens Gud, som avslutade den mänskliga kultiveringen efter stor uthållighet, gläder sig och känner sig lycklig av att se sina älskade barn.

Kärlekens Gud har uppenbarat livet i Nya Jerusalem i detalj för mig, ett liv som är så känslofyllt bortom allt förstånd.

Orsaken till att jag kunde övervinna ondska med godhet och kärlek till fienderna när jag fick lida utan orsak var för att mitt hjärta var fyllt med hoppet om Nya Jerusalem.

Låt oss nu ta en djupdykning i hur välsignat det är att "efterlikna Guds hjärta" som är så klart och vackert som kristall med en scen från den första banketten som ska hållas i Nya Jerusalem som ett exempel.

1. Den första banketten i Nya Jerusalem

Liksom här på jorden finns det banketter i himlen och genom dessa kan vi förstå glädjen i det himmelska livet tämligen väl. Det beror på att de är ärbara tillställningar där vi kan se himlens rikedom och skönhet med en enda blick och njuta av dem. Precis som människor på jorden smyckar sig själva med det absolut vackraste de har, äter, dricker och åtnjuter smakfulla måltider på en bankett som hålls av ett lands president, så hålls det banketter i himlen fyllda av vacker dans, sång och lycka.

Ett vackert lovsångsljud från salen

Nya Jerusalems sal för banketter är enorm och storslagen. När man passerat entrén och går in i ett rum kan man inte se den andra sidan på rummet, och ett vackert lovsångsljud med himmelsk musik utökar den starka känslan man redan upplever.

Förundransvärt är Ljuset
som var innan tiden började.
Han skiner allt
med ursprungsljuset.
Han födde sina Söner
och gjorde änglarna.

Hans ära är högt
över himmel och jord
och är magnifik.
Skön är Hans nåd

som Han ensam utdelar.
Han sträckte ut sitt hjärta
och skapade världen.
Prisa Hans stora kärlek med små läppar.
Prisa Herren
som mottar priset och gläder sig.
Lyft upp Hans heliga namn
och prisa Honom för evigt.
Hans ljus är förundransvärt
och värdigt att bli prisat.

Det klara och ljuvliga ljudet från musiken smälter in i anden för att skänka upprymdhet och en sådan frid som ett barn känner i sin moders armar. Bankettsalens stora port med färger från vita ädelstenar är smyckad med himmelska blommor i många former och färger och har ett vackert mönster ingraverat. Man kan se att Gud Fadern har förberett allt in i minsta detalj i varje hörn av staden Nya Jerusalem på grund av Hans fina kärlek för sina barn.

Gå igenom porten med färgen av vita ädelstenar

Oändligt många människor kommer in genom den vackra, stora porten till bankettsalen i en lång kö, och de som bor i Nya Jerusalem går in först. De bär gyllene kronor som är högre än de kronor man har på andra boplatser och de sprider milda, vackra ljus. Man har på sig vita dräkter sydda i ett stycke som skiner klart och med strålande ljus. Materialet är lätt och mjukt som silke och svajar fram och tillbaka.

Dräkten som är dekorerad med guld eller många olika slags juveler har skinande broderier med juveler runt halsen och på ärmarna, och beroende på ens belöningar har man olika juveler och mönster. Nya Jerusalems invånares skönhet och ära är fullständigt annorlunda än de som bor på andra boplatser i himlen.

Till skillnad från människor som bor i Nya Jerusalem måste människor som kommer från andra boplatser i himlen gå igenom en process för att kunna komma in på banketten i Nya Jerusalem. Människor från det Tredje, Andra, Första Kungadömet eller från Paradiset måste byta kläder och ta på sig speciella dräkter för Nya Jerusalem. Eftersom ljuset från de himmelska kropparna skiljer sig åt beroende på vilken boplats man kommer från måste de låna lämpliga kläder för att kunna besöka boplatser på en högre nivå än var de själva kommer ifrån.

Det är därför som det finns en separat plats för klädombyte. Det finns så många dräkter i Nya Jerusalem och änglarna hjälper människor att byta om. Men de som kommer från Paradiset, om än få, måste byta sina kläder på egen hand utan hjälp från änglarna. De byter sina kläder mot Nya Jerusalems dräkter och blir djupt berörda över dräkternas härlighet. Men de kan inte hjälpa att känna sig ledsna över att de bär dräkter som de egentligen inte är kvalificerade för att bära.

Människor från det Tredje, Andra och det Första Kungadömet i himlen och Paradiset måste byta kläder och visa upp sina inbjudningar till änglarna vid entrén till bankettsalen för att kunna komma in.

Den storslagna och strålande bankettsalen

När änglarna leder in dig i bankettsalen kan du inte hindra dig själv från att bli överväldigad av det strålande ljuset, storslagenheten och bankettsalens magnifika utseende. Golvet i salen skiner med färger från vita ädelstenar och har ingen skavank eller fläck, många pelare står på vardera sidan av salen. De rundformade pelarna är lika klara som glas och hela salen är dekorerad med många slags juveler för att skapa en unik skönhet. Blomsterbuketter hänger på varje pelare för att förläna än mer känsla och kvalitet till banketten.

Hur lyckligt och överväldigande det skulle vara om du här på jorden blev inbjuden till en balsal som är gjord av vit marmor och briljant skinande kristall! Så mycket vackrare och lyckligare det kommer att vara i den himmelska bankettsalen som är gjord av så många olika slags himmelska juveler!

Längst fram i Nya Jerusalems bankettsal finns det två scener som ger dig en högtidlig känsla av att ha rest bakåt i tiden och nu närvarar vid en kröningsceremoni av en forntida kejsare. Mitt på den övre scenen finns en stor tron i vit ädelstensfärg för Gud Fadern. Till höger om denna tron är Herrens tron och till vänster om den står tronen för hedersgästen för den första banketten. Dessa troner omges av starka ljus och är väldigt höga och majestätiska. På den mindre scenen finns stolar uppställda för profeter, efter den himmelska rangordningen för att uttrycka Gud Faderns majestät.

Denna bankettsal är stor nog för att husera oändligt antal inbjudna himmelska medborgare. På ena sidan av bankettsalen finns en himmelsk orkester med en ärkeängel som dirigent.

Orkestern spelar himmelsk musik för att förläna glädje och lycka inte bara under banketten utan också innan banketten börjar.

Förs till ens sittplats av änglar

De som har kommit in i bankettsalen förs av änglar till deras förutbestämda sittplatser, och människor från Nya Jerusalem sitter längst fram, följt av de från Tredje Kungadömet, Andra Kungadömet, Första Kungadömet och sist Paradiset.

De som kommer från det Tredje Kungadömet bär också kronor som är helt annorlunda än deras från Nya Jerusalem, och de måste ha på sig runda markeringar på höger sida om kronan för att kunna särskiljas från människorna från Nya Jerusalem. De som kommer från det Andra och Första Kungadömet måste ha en rund markering på deras vänstra bröstkorgssida så att de automatiskt kan särskiljas från människorna från det Tredje Kungadömet och Nya Jerusalem. Människor från det Andra och Första Kungadömet bär kronor, medan de från Paradiset inte har några kronor att bära.

De som inbjudits till Nya Jerusalems bankett tar sina platser och väntar på Gud Faderns entré, värden för denna bankett. De är nervösa och rättar till sina kläder. När trumpeten ljuder för att signalera att Fadern är på väg reser sig alla människor i bankettsalen upp för att ta emot deras värd. Nu kan också de som inte inbjudits till banketten se händelserna genom överföringssystem installerade på deras olika boplatser runt om i himlen.

Fadern kommer in i salen vid trumpetens ljud

Vid trumpetens ljud kommer många ärkeänglar som eskorterar Gud Fadern in först, och därefter följer Hans älskade förfäder i tron. Nu är alla och allt redo för att ta emot Gud Fadern. Man blir ivrigare och ivrigare över att se Fadern och Herren, och alla har sina ögon fästa på ingången där framme. Till sist kommer Gud Fadern in med strålande härlighetsfulla ljus skinande runt omkring sig. Hans ankomst är storslagen och högtidlig, men samtidigt mjuk och helig. Hans mjuka lockiga hår skiner i guld, och strålande ljus kommer ut från Hans ansikte och hela Hans kropp att man inte ens kan öppna sina ögon ordentligt.

När Gud Fadern stiger upp på tronen böjer den himmelska hären och änglarna, profeterna som väntar på scenen, och alla människor i bankettsalen sina huvuden i tillbedjan. Det är en sådan ära att se Gud Fadern, Skaparen och Regenten över allt ansikte mot ansikte, som en gestalt. Hur glädjefyllt och känslofyllt detta är! Men inte alla gäster kan se Honom. Människorna från Paradiset, det Första Kungadömet och det Andra Kungadömet kan inte lyfta upp sina ansikten på grund av det strålande ljuset. De endast utgjuter glädjetårar och tacksamhet över att de överhuvudtaget kan närvara vid banketten.

Herren introducerar hedersgästen

Efter att Gud Fadern satt sig på sin tron, förs Herren in av en vacker och elegant ärkeängel. Han bär en hög, enastående krona och en skinande lång, vit kappa. Han ser högtidlig ut och är magnifik. Herren böjer sig för Gud Fadern först av artighet, tar emot tillbedjan från änglarna, profeterna och alla andra människor och ler tillbaka mot dem. Gud Fadern på tronen ser nöjt ut över alla människor som närvarar vid banketten.

Herren går till ett podium och introducerar hedersgästen för den första banketten, och beskriver i detalj hans tjänst som hjälpte till att avsluta den mänskliga kultiveringen. En del människor på banketten undrar vem det är, medan andra som redan vet vem han är fäster sin uppmärksamhet på Herren med stor förväntan.

Slutligen håller Herren sitt tal och förklara hur denna man älskade Gud Fadern, hur mycket han försökte frälsa många själar, och hur han helt och hållet uppnådde Guds vilja. Sedan ställer sig Gud Fadern upp, överväldigad av glädje, för att välkomna hedersgästen för den första banketten, likt en far som välkomnar sin son som återvänt med stor framgång, likt en kung som tar emot en triumferande general. Bankettsalen fylls av förväntan och bävan då trumpeten återigen ljuder och sedan kommer hedersgästen in, skinande klart.

Han bär en hög, magnifik krona och en lång, vit kappa som den Herren har. Han ser också högtidlig ut men människor känner hans ödmjukhet och barmhärtighet i hans ansikte som efterliknar Gud Faderns.

När hedersgästen för den första banketten kommer in står folk upp och hurrar med sina händer upplyfta som för att forma en våg. De vänder sig om och kramar glatt om varandra. Som det är på en finalmatch i världsmästerskapen, när bollen rullar förbi målvakten och till seger, då kramar alla från det vinnande lagets land om varandra och ropar glädjefyllt, gör "high-fives" och så vidare. På liknande sätt fylls bankettsalen i Nya Jerusalem med glada tillrop.

2. Profeter med den högsta rangen i himlen

Vad är det då vi specifikt måste göra för att kunna bli boende i Nya Jerusalem och vara med på den första banketten? Inte enbart ska vi acceptera Jesus Kristus och ta emot den Helige Ande som en gåva, utan också bära den Helige Andes nio frukter och efterlikna Guds hjärta som är klart och vackert som kristall. I himlen bestäms ordningen efter den grad man har helgat sig till att efterlika Guds hjärta.

Så är det även vid den första banketten i Nya Jerusalem att profeterna kommer in efter den himmelska rangordningen när Gud Fadern gör entré i bankettsalen. Ju högre profeterna eller andra förfäder i tron är i rangordningen, desto närmre är de Guds tron. Eftersom himlen är ordnad efter hierarki behöver vi tänka på att vi måste efterlikna Guds hjärta för att komma närmare Hans tron.

Låt oss nu titta på det slags hjärta som är klart och vackert som kristall, likt Guds hjärta, och hur vi kan efterlikna det helt och hållet genom att betrakta profeternas liv, de som har den högsta rangordningen i himlen.

Elia blev upptagen utan att möta döden

Av alla människor som kultiverats på jorden har Elia den

högsta rangen. Genom hela Bibeln finner vi att varje aspekt av Elias liv vittnade om den levande Guden, den ende sanne Guden. Han var en profet under kung Ahabs tid som regerade över Nordriket i Israel, där avgudadyrkan frodades. Han konfronterade 850 profeter som tillbad avgudar och kallade ner eld från himlen. Elia startade även ett tungt regn efter tre och ett halvt års torka.

Elia, som också fick lida, bad en bön att det inte skulle regna, och det regnade inte över landet under tre år och sex månader. Och när han sedan bad igen, gav himlen regn och jorden bar sin gröda (Jakobs brev 5:17-18).

Vidare kan nämnas att genom Elia räckte en näve mjöl i en kruka och lite olja i kannan ända tills hungersnöden var över. Han uppväckte änkans döda son och delade floden Jordan. Mot slutet for Elia upp till himlen i en stormvind (2 Kungaboken 2:11).

Vad är då orsaken till att Elia, som var en människa som oss, kunde utföra Guds kraftgärningar och till och med undvika döden? Det beror på att hans hjärta mognade till att bli ett hjärta som är lika rent och vackert som kristall som efterliknar Guds genom många prövningar under hans liv. Elia satte sin förtröstan helt och hållet på Gud i alla slags situationer och lydde alltid Honom.

När Gud befallde honom gick profeten inför kung Ahab som hade försökt döda honom, och proklamerade inför många människor att Gud var den ende sanne Guden. Det var så han tog emot Guds kraft, manifesterade Hans kraftgärningar till denna grad för att förhärliga Gud, och fick till slut ära och heder för evigt.

Hanok vandrade med Gud i 300 år

Hur var det med Hanoks fall? Precis som Elia blev Hanok upplyft till himlen utan att möta döden. Trots att Bibeln är mycket knapphändig om honom, kan vi ändå känna hur mycket han efterliknade Guds hjärta.

När Hanok var 65 år blev han far till Metusela. Och sedan Hanok hade fått Metusela vandrade han med Gud i 300 år och fick söner och döttrar. Hanoks hela ålder blev alltså 365 år. Sedan Hanok på detta sätt hade vandrat med Gud fanns han inte mer, ty Gud hämtade honom (1 Mosebok 5:21-24).

Hanok började vandra med Gud vid 65 års ålder. Han var så älskad i Guds ögon eftersom han efterliknade Guds hjärta. Gud kommunicerade på djupet med honom, vandrade med honom under 300 år, och tog honom levande till en plats nära Honom själv. Orden "vandrat med Gud" betyder att Gud var med just den personen i allt han gjorde, och Gud var med Hanok varhelst han gick under tre århundraden.

Om du åker iväg på en resa, vem skulle du då vilja åka tillsammans med? Resan skulle bli mycket behaglig om du åker med en person som du kan vara dig själv med. På samma sätt kan vi inse att Hanok var ett med Gud i hjärtat och därför vandrade han med Gud.

Eftersom Gud i sin natur är ljus, godhet, och kärlek, kan vi inte ha något mörker i oss för att kunna vandra med Gud utan istället ha överflödande godhet och kärlek. Hanok helgade sig själv trots att han levde i en syndfull värld, och gav Guds vilja till folket (Judas brev 1:14). Bibeln nämner inte att Hanok uppnådde något stort eller hade något speciellt uppdrag. Trots detta fruktade han Gud i djupet av sitt hjärta, höll sig borta från ondska, och levde ett helgat liv för att kunna vandra med Honom. Detta var också orsaken till att Gud fortare hämtade hem honom för att ha honom närmare sig själv.

Därför säger Hebreerbrevet 11:5 oss, *"Genom tron togs Hanok bort utan att möta döden. Och man fann honom inte mer, ty Gud hade tagit honom till sig. Innan han togs bort, hade han fått det vittnesbördet att han funnit nåd hos Gud."* Hanok hade den slags tro som behagade Gud, blev välsignad av att alltid vandra med Gud, blev upplyft till himlen utan att möta döden, och blev den andra i rangordningen i himlen.

Abraham blev kallad Guds vän

Hur vackert var Abrahams hjärta eftersom han blev kallad Guds vän och nu innehar den tredje högsta rangen i himlen?

Abraham litade fullständigt på Gud och lydde Honom helt och hållet. När han lämnade sitt hemland på Guds befallning visste han inte ens var slutdestinationen var, men i lydnad lämnade han sin hemstad och sin ekonomiska stabilitet. När han senare befalldes att offra sin son Isak som ett brännoffer, den son han hade fått vid 100 års ålder, lydde han omedelbart. Han litade på att Gud som är god och allsmäktig skulle kunna uppväcka från det döda.

Abraham var inte heller det minsta självisk. När hans brorson Lots och Abrahams ägodelar hade blivit så stora att de inte längre kunde bo tillsammans lät Abraham Lot välja först och sa, *"Inte skall det vara någon tvist mellan mig och dig eller mellan mina herdar och dina. Vi är ju bröder. Ligger inte hela landet öppet för dig? Skilj dig från mig. Vill du åt vänster så går jag åt höger, och vill du åt höger så går jag åt vänster"* (1 Mosebok 13:8-9).

Vid ett tillfälle hade många kungar förenats och invaderat Sodom och Gomorra och de tog all egendom och allt livsmedel med sig och även Abrahams brorson Lot som bodde i Sodom till fånga. Då tog Abraham 318 män födda och tränade i hans hushåll, förföljde kungarna och förde tillbaka alla egendomar och allt livsmedel. Kungen i Sodom ville ge Abraham en del av krigsbytet som ett tecken på tacksamhet, men Abraham tackade nej. Han gjorde det för att bevisa att hans välsignelse enbart kom från Gud. Han ärade alltså Gud genom lydnad i tro med ett hjärta som var lika rent och vackert som kristall. Det är därför som Gud välsignade honom i överflöd på den här jorden likväl som i himlen.

Mose, ledaren över uttåget

Hur var Moses hjärta, uttågets ledare, som gjorde honom rankad 4:a i himlen? 4 Mosebok 12:3 säger oss, *"Mose var en mycket ödmjuk man, mer än någon annan människa på jorden."*

I Judas brev finns en händelse nedtecknad då ärkeängeln Mikael tvistar med djävulen om Moses kropp, och ger beror på att Mose uppfyllde villkoren för att bli upptagen till himlen utan att möta döden. När Mose var prins i Egypten dödade han en egyptier som slog en hebré. På grund av detta hävdade djävulen att Mose måste möta döden.

Men ärkeängeln Mikael tvistade med djävulen och sa att Mose hade gjort sig av med alla synder och ondska och att han uppfyllde villkoren för att bli upptagen till himlen. I Matteus 17 läser vi att Mose och Elia kom ner från himlen för att samtala med Jesus. Från detta kan vi utläsa vad som verkligen hände med Moses kropp.

Mose var tvungen att fly från Faraos palats på grund av det mord han hade begått. Sedan fick han ta hand om får i öknen under 40 år. Genom prövningarna i öknen förgjorde Mose all sin stolthet, sina begär och sin egen självrättfärdighet som han hade som prins i Faraos palats. Endast efter det gav Gud honom uppgiften att föra ut israeliterna ur Egypten.

Nu fick Mose, som en gång hade dödat en person och flytt iväg, återvända till Farao igen och föra ut israeliterna ut Egypten där de hade varit slavar under 400 år. Detta verkade omöjligt för människor, men Mose lydde Gud och gick inför Farao. Inte vem som helst kunde vara ledare för projektet att föra ut miljoner israeliter ut ur Egypten och leda dem till Kanaans land. Det är därför som Gud först luttrade Mose i öken under 40 år och gjorde honom till ett stort redskap som kunde ta hand om och stå ut med alla israeliter. På det här sättet blev Mose en person som kunde lyda ända in i döden genom prövningar och kunde fullgöra sin uppgift med att leda uttåget. Vi kan på ett enkelt sätt i Bibeln se hur stor Mose var.

"Mose gick tillbaka till HERREN och sade: 'O, detta

folk har begått en stor synd. De har gjort sig en gud av guld. Men förlåt dem nu deras synd. Om inte, så utplåna mig ur boken som du skriver i'" (2 Mosebok 32:31-32).

Mose visste mycket väl att utplånande av hans namn ur HERRENS bok inte enbart innebar en fysisk död. Han visste att de vars namn inte är skrivna i Livets Bok kommer att bli kastade i helvetets eld – evig död – och lida för evigt, men trots detta var Mose villig att ta denna eviga död för att folket skulle få förlåtelse för sina synder.

Vad kände Gud då Han såg på Mose? Gud var så nöjd med honom eftersom han helt och hållet förstod Guds hjärta som hatade synd och ändå ville rädda syndarna; Gud svarade hans bön. Gud ansåg Mose vara mer värd än alla israeliter eftersom han hade hjärtat som var rätt i Guds ögon och som var lika rent och klart som Livets Vatten som har sitt ursprung från Hans tron.

Om du hade en fläckfri och oskadad diamant lika stor som en böna och hundratals knytnävsstora stenar framför dig, vilken skulle du anse vara dyrbarare? Ingen skulle byta ut en bit diamant mot vanliga stenar.

Genom att därför inse faktumet att Moses värde, han som uppnådde Guds hjärta, var betydligt större än alla israeliternas tillsammans, borde vi uppnå hjärtan som är rena och klara som kristall.

Paulus, hedningarnas apostel

Den femte i den himmelska rangordningen är aposteln Paulus

som överlät hela sitt liv till att evangelisera hedningarna. Trots att han var trogen Guds rike ända in i döden med så stor passion kände han alltid en sorg över att han tidigare hade förföljt Jesu Kristi troende innan han accepterade Herren. Det är därför som han tillstod i 1 Korinterbrevet 15:9, *"Ty jag är den ringaste av apostlarna. Jag är inte värd att kallas apostel, eftersom jag har förföljt Guds församling."*

Men eftersom han var ett sådant gott redskap utvalde Gud honom, renade honom och använde honom som apostel till hedningarna. 2 Korinterbrevet 11:23 och vidare förklarar detaljerat de många svårigheter han led i det att han predikade evangeliet, och vi kan se att han led så mycket att han till och med svävade i livsfara. Han fick hugg och slag i överflöd och blev fängslad många gånger. Fem gånger fick han utstå fyrtio minus ett gisselslag från judarna; tre gånger blev han piskad med spö; en gång blev han stenad; tre gånger led han skeppsbrott; ett dygn låg han i djupt vatten; han hade ofta vaknätter; han visste vad hunger och törst var och hade ofta varit utan mat; varit frusen och naken (2 Korinterbrevet 11:23-27).

Paulus led så mycket att han tillstod i 1 Korinterbrevet 4:9, *"Det verkar som om Gud hade ställt oss apostlar sist, som vigda åt döden. Vi har blivit ett skådespel för världen, för både änglar och människor."*

Varför tillät då Gud Paulus, som var trogen in till döden, gå igenom så många svårigheter och förföljelser? Gud kunde beskydda Paulus från alla svårigheter men Han ville att Paulus skulle få ett hjärta lika rent och vackert som kristall genom dessa svårigheter. Apostel Paulus kunde ju trots allt finna tröst och glädje hos Gud, förneka sig själv fullständigt, och bli fullständigt

lik Kristus. Nu kunde han uttrycka sig så här i 2 Korinterbrevet 11:28, *"Förutom allt detta har jag den dagliga uppgiften, omsorgen om alla församlingarna."*
Han sa också i Romarbrevet 9:3, *"Jag skulle önska att jag själv vore fördömd och skild från Kristus i mina bröders ställe – mina landsmän efter härstamning."* Paulus kunde inte bara komma in i Nya Jerusalem utan också vara nära Guds tron på grund av att han hade ett sådant hjärta som är lika rent och vackert som kristall.

3. Underbara kvinnor i Guds ögon

Vi har redan tittat på den första banketten i Nya Jerusalem. När Gud Fadern kommer in i salen finns det en kvinna bakom Honom. Hon betjänar Gud Fadern iklädd en vit dräkt som snuddar vid golvet och är dekorerad med många slags juveler. Kvinnan är Maria Magdalena. Med tanke på omständigheterna på den tiden då kvinnornas offentliga roller var begränsade, kunde hon inte göra så mycket för att uppnå Guds rike, men eftersom hon var en underbar kvinna i Guds ögon kunde hon komma in på den mest aktade platsen i himlen.

Precis som det finns en rangordning bland profeterna efter hur mycket de efterliknar Guds hjärta, har även kvinnorna i himlen en ordning efter rang beroende på hur mycket de blev erkända och älskade av Gud.

Hur levde dessa kvinnor för att bli erkända och älskade av Gud och bli hedersmänniskor i himlen?

Maria Magdalena var den första som mötte den uppståndne Herren

Kvinnan som är mest älskad av Gud är Maria Magdalena. Under en lång tid hade hon varit bunden av mörkrets krafter och blivit ringaktad och föraktad av andra, och hon led också av olika sjukdomar. I en av dessa svåra dagar hörde hon nyheten om Jesus, förberedde en dyrbar parfym och gick inför Honom. Hon hörde att Jesus hade kommit till en av fariséernas hus och gick dit, men hon vågade inte gå fram till honom trots att hon hade längtat så mycket efter att träffa Honom. Hon gick upp bakom Honom, vätte Hans fötter med sina tårar, torkade dem med sitt hår, och bröt sönder flaskan och utgöt parfymen över Honom. Hon blev fri från sin sjukdomsplåga genom denna troshandling och hon blev väldigt tacksam. Efter det älskade hon Jesus så mycket och följde Honom varhelst Han gick, och blev en sådan underbar kvinna som överlät hela sitt liv till Honom (Lukas 8:1-3).

Hon var med Jesus även då Han korsfästes och tog sitt sista andetag, trots att hon visste att hennes blotta närvaro kunde kosta henne livet. Maria gjorde mer än att bara betala tillbaka för den nåd hon hade fått ta emot och följde Jesus, överlät allt, inklusive sitt eget liv.

Maria Magdalena, som älskade Jesus så mycket, blev den första personen som träffade Herren efter Hans uppståndelse. Hon blev den största kvinnan i mänsklighetens historia eftersom hon hade ett sådant gott hjärta och underbara gärningar som till och med kunde beröra Gud.

Jungfru Maria blev välsignad att föda Jesus

Den andra i raden av de underbaraste kvinnorna i Guds ögon är jungfru Maria som blev välsignad med att föda Jesus som blev mänsklighetens Frälsare. För ca 2 000 år sedan var Jesus tvungen att komma i köttet för att återlösa alla människor från deras synder. För att detta skulle kunna uppfyllas behövdes en kvinna som var lämplig i Guds ögon och Maria, som på den tiden var förlovad med Josef, utvaldes. Gud lät henne veta på förhand genom ärkeängeln Gabriel att hon skulle föda Jesus genom den Helige Ande. Maria började inte tänka på mänskligt vis utan bekände frimodigt sin tro, *"Se, jag är Herrens tjänarinna. Må det ske med mig som du har sagt"* (Lukas 1:38).

Om en jungfru blev gravid på den tiden fick hon inte bara möta onåd i det offentliga utan blev också stenad till döds i enlighet med Mose lag. Men hon hade en djup tro i sitt hjärta att ingenting var omöjligt för Gud och bad om att det skulle ske som det var sagt. Hon hade ett tillräckligt gott hjärta för att lyda Guds Ord även om det mycket väl skulle kunna kosta hennes liv. Hur lycklig och tacksam hon måste ha varit över att hon först födde Jesus och sedan såg Honom växa upp i Guds kraft! Det var en sådan välsignelse för Maria, hon som var en helt vanlig människa.

Det är därför som hon blev så lycklig enbart genom att se Jesus, och hon betjänade och älskade Honom mer än sitt eget liv. På det här sättet blev jungfru Maria i överflöd välsignad av Gud och tog emot evig härlighet jämte Maria Magdalena bland alla kvinnorna i himlen.

Ester fruktade ingenting för Guds vilja

Ester räddade sitt folk på ett modigt sätt med tro och kärlek och blev en underbar kvinna i Guds ögon och nådde den ärevördigaste positionen i himlen.

Efter att den persiske kungen Ahasveros tagit den kungliga värdigheten från drottning Vasti utvaldes Ester bland många vackra kvinnor och hon blev drottning trots att hon var en judinna. Hon var älskad av kungen och många människor eftersom hon varken försökte visa upp sig själv eller vara skrytsam utan smyckade sig själv med renhet och elegans trots att hon redan var mycket vacker.

Medan hon var i kunglig värdighet mötte judarna en stor kris. Haman, agagiten, som hade funnit behag hos kungen, blev ursinnig när en jude vid namn Mordokaj varken knäböjde inför honom eller gav honom respekt och ära. Han tänkte ut en sammansvärjning för att förgöra alla judarna i Persien, och fick tillstånd av kungen att göra så.

Ester fastade i tre dagar för sitt folk och beslutade sig för att gå inför kungen (Ester 4:16). I enlighet med persisk lag på den tiden var det så att om någon, det må vara man eller kvinna, gick in till kungen utan att vara kallad, så gällde endast en lag: personen skulle dödas, om inte kungen räckte ut guldspiran mot personen. Efter hennes tredagarsfasta förlitade Ester sig på Gud och gick in till kungen med sitt beslut, *"Skall jag gå förlorad, så må jag gå förlorad."* Som ett resultat av Guds ingripande blev Haman, som hade startat konspirationen, själv dödad. Ester räddade inte bara sitt folk utan blev desto mer älskad av sin kung.

Ester blev på så sätt erkänd som en underbar kvinna och

nådde den härlighetsfulla positionen i himlen eftersom hon var stark i sanningen och hade modet att ge upp sitt eget liv om det krävdes för att följa Guds vilja.

Rut hade ett underbart och gott hjärta

Låt oss nu studera Ruts liv, som blev erkänd som en underbar kvinna i Guds ögon och har blivit en av de största kvinnorna i himlen. På vilket sätt behagade hennes hjärta och gärningar Gud och vad gjorde att hon blev välsignad?

Moabitiskan Rut gifte sig med en israelit vars familj hade flyttat till Moab på grund av hungersnöd, men snart förlorade hon sin make. Alla män i hennes familj dog tidigt så hon bodde med sin svärmor Naomi och svägerska Orpah. Naomi var bekymrad över deras framtid så hon rekommenderade sina två svärdöttrar att återvända till sina egna familjer. Orpah lämnade Naomi under tårar men Rut stannade, och utbrast i följande känslomässiga bekännelse i Rut 1:16-17:

Tvinga mig inte att lämna dig och vända tillbaka från dig. Ty dit du går vill också jag gå, och där du stannar vill också jag stanna. Ditt folk är mitt folk och din Gud är min Gud. Där du dör vill också jag dö, och där vill jag bli begravd. HERREN må straffa mig både nu och senare om något annat än döden skulle skilja mig från dig.

Eftersom Rut hade ett sådant underbart hjärta tänkte hon aldrig på sig själv utan följde endast godheten även om det skulle bli henne till skada, och fullföljde sin skyldighet i att troget tjäna sin svärmor med glädje.

Ruts tjänarhandlingar mot sin svärmor var så underbar att hela byn kände till Ruts trohet och de älskade henne. Med sin svärmors hjälp gifte hon sig till slut med en man vid namn Boas som var en återlösare. Hon födde en son och blev kung Davids farfars mor (Rut 4:13-17). Rut blev vidare välsignad med att stå med i Jesu släktregister trots att hon var en kvinna av hednisk härkomst (Matteus 1:5-6), och blev en av de underbaraste kvinnorna i himlen jämte Ester.

4. Maria Magdalena befinner sig nära Guds tron

Varför låter Gud oss få veta om den första banketten i Nya Jerusalem och rangordningen mellan profeterna och kvinnorna? Kärlekens Gud vill inte bara att alla människor ska ta emot frälsningen och nå himmelriket, utan också efterlikna Hans hjärta så att de kan få bo nära Hans tron i Nya Jerusalem.

För att vi ska kunna ta emot äran av att få befinna oss nära Guds tron i Nya Jerusalem måste våra hjärtan efterlikna Hans hjärta som är lika klart och vackert som kristall. Vi måste uppnå detta underbara hjärta likt de tolv grundstenarna i Nya Jerusalems stadsmurar.

Därför ska vi nu se mer in i Maria Magdalenas liv, hon som betjänar Gud Fadern genom att hålla sig nära Hans tron. Medan jag bad över "Lektioner om Johannes evangelium", fick jag i detalj veta mer om Maria Magdalenas liv genom den Helige Andes inspiration. Gud uppenbarade för mig den slags familj som Maria Magdalena blev född in i, hur hon levde, och hur lyckligt liv hon fick efter att hon mötte Jesus vår Frälsare. Jag hoppas att du kommer att följa hennes underbara och goda hjärta i det att hon tog på sig skulden i allt och hur hon gav en livgivande kärlek till Herren så att du också kan få ta emot äran att få befinna dig nära Guds tron.

Hon föddes in i en avgudadyrkande familj

Hon fick namnet "Maria Magdalena" eftersom hon föddes i en stad som hette "Magdalena" som var full av avgudadyrkan. Hennes familj var inget undantag; en förbannelse hade kommit över hennes familj sedan många generationer tillbaka på grund av djup avgudadyrkan och de hade många problem.

Maria Magdalena, som föddes in i den värsta andliga situationen, kunde inte äta ordentligt eftersom hon hade magproblem. Hon var fysiskt svag större delen av tiden och det ledde till att hennes kropp blev mer mottaglig för alla slags sjukdomar. Redan vid tidig ålder upphörde hennes menstruation och hon förlorade på så sätt en mycket viktig funktion som kvinna. På grund av det höll hon sig mestadels hemma och gjorde sig i det närmaste osynlig. Men trots att hon var ringaktad och blev kyligt behandlad till och med av sin familj, klagade hon aldrig på dem. Istället förstod hon dem och försökte vara en källa till styrka för dem genom att ta på sig skulden själv. När hon insåg att hon inte kunde ge styrka till sin familj utan endast blev en börda för dem, lämnade hon dem. Det berodde inte på hat eller avsky gentemot hur de behandlat henne, utan endast för att hon inte ville vara en börda för dem.

Försökte göra sitt bästa och själv ta på sig skulden

Hon mötte en man och försökte förlita sig på honom, men han var en ondskefull man. Han försökte inte försörja sin familj utan spelade bort alla pengar. Han krävde att Maria Magdalena skulle ge honom mer pengar, slog henne ofta och skrek åt henne. Maria Magdalena började med sömnad medan hon letade efter en stadigare inkomstkälla. Men eftersom hon redan var svag till naturen och arbetade hela dagarna, blev hon allt svagare så att hon var tvungen att få hjälp av andra för att överhuvudtaget kunna röra sig. Trots att mannen försörjdes av henne var han inte alls tacksam utan nedvärderade och klankade ner på henne. Maria Magdalena hatade honom inte utan kände sig istället sorgsen över att hon inte kunde vara till större hjälp för mannen på grund av sin svaga kropp, och ansåg att hans felaktiga behandling av henne ändå var skälig.

Medan hon befann sig i en sådan desperat situation, övergiven av sina föräldrar, bröder, och mannen, hörde hon väldigt goda nyheter. Hon hörde nyheter om Jesus, som gjorde förundransvärda mirakler som att få blinda att se och stumma att tala. När Maria Magdalena hörde om alla dessa ting tvivlade hon inte en sekund på tecknen och undren som Jesus gjorde eftersom hennes hjärta var så gott. Istället fann hon tro på att hennes svaghet och sjukdomar skulle bli helade när hon mötte Jesus.

Hon längtade med tro efter att få träffa Jesus. Äntligen hörde hon att Jesus hade kommit till hennes stad och att han bodde i en farisés hus vid namn Simon.

Utgöt parfym med tro

Maria Magdalena var så lycklig att hon köpte parfym för pengarna hon hade sparat från sömnadsarbetet. Det som måste ha gått igenom hennes tankar över att få träffa Jesus kan inte på ett adekvat sätt beskrivas.

Människor försökte hindra henne från att komma nära Jesus på grund av hennes sjabbiga kläder, men ingen kunde hindra hennes passion. Trots människors skarpa blickar gick Maria Magdalena inför Jesus och utgöt sina tårar då hon såg hans ödmjuka gestalt.

Hon vågade inte stå framför Jesus, så hon kom upp bakifrån. När hon var vid Hans fötter grät hon ännu mer och vätte Hans fötter med sina tårar. Hon torkade Hans fötter med sitt hår och bröt sönder flaskan med parfym och hällde den över dem eftersom Han var så värdefull för henne.

Eftersom Maria Magdalena kom inför Jesus med sådan uppriktighet blev hon inte bara förlåten sina synder och fick ta emot frälsning utan ett förundransvärt helandeverk skedde i hennes inre som helade alla hennes inre sjukdomar och även hennes hudsjukdom. Hennes kropp började fungera normalt igen och hon fick tillbaka sin menstruation. Hennes ansikte som hade varit förskräckligt på grund av de många sjukdomarna blev nu fyllt med glädje och lycka och hennes kropp som hade varit så svag blev frisk. Hon återfick sitt värde som kvinna och var inte längre bunden av mörkrets makter.

Följa Jesus till slutet

Maria Magdalena fick uppleva något som gjorde henne mer tacksam än hennes helande. Det faktum att hon mötte en person som gav henne överflödande kärlek, en kärlek som hon aldrig tidigare hade fått från någon annan. Efter detta överlät hon all sin tid och passion till Jesus med så stor glädje och tacksamhet. Eftersom hennes hälsa blev upprättad kunde hon stödja Jesus ekonomiskt med sömnadsarbete och annat arbete, och följde Honom av hela sitt hjärta.

Maria Magdalena följde inte bara Jesus när han gjorde tecken och under och förändrade mångas liv med kraftfulla budskap, utan var också med Honom när han led hos de romerska soldaterna och på korset. Till och med när Jesus hängde på korset var hon där. Trots att hennes blotta närvaro hade kunnat kosta hennes liv gick Maria Magdalena upp till Golgata efter Jesus som bar på korset.

Hur kände hon det när Jesus, som hon så uppriktigt älskade, led så mycket smärta och utgöt allt sitt vatten och blod?

Herre, vad skall jag göra,
vad skall jag göra?
Herre, hur kan jag leva?
Hur kan jag leva utan Dig, Herre?

...

Om jag bara kunde samla upp det blod
Du utgjuter,
Om jag bara kunde ta smärtan

Du lider

...

Herre,
Jag kan inte leva utan Dig.
Jag kan inte leva
om jag inte är med Dig.

Maria Magdalena vände inte ens bort sina ögon från Jesus när Han tog sitt sista andetag, utan försökte rista in glansen i Hans ögon och Hans ansikte i djupet av sitt hjärta. Hon såg på Jesus tills Hans sista stund och följde med Josef från Arimatea som lade Jesu kropp i en grav.

Såg den uppståndne Herren i gryningen

Maria Magdalena väntade tills sabbaten var över och i gryningen på den första dagen efter sabbaten gick hon till graven för att smörja Jesu kropp med parfym. Men hon kunde inte hitta Hans kropp. Hon blev djupt bedrövad och grät där, och den uppståndne Herren visade sig för henne. Det var så hon fick äran att möta den uppståndne Herren innan någon annan gjorde det.
Inte ens efter att Jesus hade dött på korset kunde hon fatta detta. Jesus var hennes allt och hon älskade Honom så mycket. Så lycklig hon måste ha blivit när hon mötte Herren i en sådan förfärlig situation! Hon kunde inte hindra sina tårar i sitt känslosvall. Först kände hon inte igen Herren, men när Han kallade henne "Maria" med en mjuk röst kände hon igen Honom.

I Johannes 20:17 säger den uppståndne Herren till henne, *"Rör inte vid mig, ty jag har ännu inte farit upp till Fadern. Men gå till mina bröder och säg till dem att jag far upp till min Fader och er Fader, till min Gud och er Gud."* Eftersom Herren också älskade Maria Magdalena så mycket, visade Han sig för henne innan Han mötte Fadern efter sin uppståndelse.

Överlämnade nyheterna om Jesu uppståndelse

Kan du tänka dig hur okontrollerbart lycklig Maria Magdalena måste ha varit när hon mötte den uppståndne Herren som hon älskade så mycket? Hon bekände att hon ville vara med Herren för evigt. Herren kände hennes hjärta, men förklarade för henne att hon inte kunde vara med Honom just då och gav henne ett uppdrag. Hon skulle överlämna nyheterna om Hans uppståndelse till lärjungarna eftersom deras sinnen behövde få ro och bli tröstade efter chocken med Jesu korsfästelse.

I Johannes 20:18 ser vi att, *"Maria från Magdala gick då och berättade för lärjungarna att hon hade sett Herren och att han hade sagt detta till henne."* Det faktum att Maria Magdalena blev vittne till den uppståndne Herren innan någon annan och överlämnade nyheterna till lärjungarna var inte en tillfällighet. Det var ett resultat av hennes överlåtelse och tjänst inför Herren med sin passionerade kärlek till Honom.

Om Pilatus hade frågat om någon som skulle kunna tänka sig att korsfästas i Jesu ställe skulle hon ha varit den första som hade sagt "Ja" och kommit fram; Maria Magdalena älskade Jesus mer än sitt eget liv och tjänade Honom med fullständig överlåtelse.

Äran av att tjäna Gud Fadern

Gud blev så nöjd med Maria Magdalena som var så god i hjärtat och utan någon ondska, och som hade en fullständig andlig kärlek. Maria Magdalena älskade Jesus med en oföränderlig och sann kärlek eftersom hon en gång hade mött Honom. Eftersom Gud Fadern tog emot hennes goda och underbara hjärta ville Han ha en plats för henne nära sig själv och kunna njuta av den goda och älskvärda aromen från hennes hjärta. Det är därför som Han när tiden var inne, tillät Maria Magdalena nå den äran av att tjäna Honom och till och med att beröra Hans tron.

Vad Gud Fadern vill mest av allt är att få sanna barn med vilka Han kan dela sin sanna kärlek med för evigt. Det är därför som Han planerade den mänskliga kultiveringen, formade sig själv till Treenigheten, har väntat och under en mycket, mycket lång tid stått ut med människorna på den här jorden.

När boplatserna i himlen är färdiga kommer Herren att uppenbara sig på skyarna, och hålla en bröllopsbankett med sin brud. Sedan kommer Han att låta dem regera med Honom under ett tusen år och leda dem till deras himmelska boplatser. Vi kommer att leva med Treenighetens Gud i den högsta lyckan och glädje för evigt i himlen som är lika klar, ren och vacker som kristall, fylld av Guds härlighet. Så lyckliga de som kommer att komma in i Nya Jerusalem kommer att vara eftersom de kan möta Gud ansikte mot ansikte och vara med Honom för evigt!

För två tusen år sedan frågade Jesus, *"Men skall väl*

Människosonen, när han kommer, finna en sådan tro på jorden?" (Lukas 18:8) Det är väldigt svårt att finna sann tro idag. Aposteln Paulus som ledde uppdraget i att predika evangeliet till hedningarna skrev ett brev till Timoteus, hans andlige son, strax innan hans död, som handlade om att han led av villolärare som orsakade splittring och förföljelser mot kristna.

"Jag uppmanar dig allvarligt vid Gud och Kristus Jesus, som skall döma levande och döda, och inför hans uppenbarelse och hans rike: predika ordet, träd fram i tid och otid, bestraffa, tillrättavisa och förmana, med allt tålamod och all undervisning. Ty det skall komma en tid då människor inte längre skall stå utmed den sunda läran, utan efter sina egna begär skall de samla åt sig mängder av lärare, alltefter som det kliar dem i öronen. De vägrar att lyssna till sanningen och vänder sig till myter. Men var du sund och förnuftig i allt, bär ditt lidande, utför en evangelists gärning och fullgör din tjänst. Själv offras jag redan som ett drickoffer, och tiden för mitt uppbrott är inne. Jag har kämpat den goda kampen, jag har fullbordat loppet, jag har bevarat tron. Nu ligger rättfärdighetens segerkrans i förvar åt mig. Den skall Herren, den rättfärdige domaren, ge åt mig på den dagen, och inte bara åt mig utan åt alla som älskar hans återkomst" (2 Timoteusbrevet 4:1-8).

Om du har ett hopp om himlen och längtar efter Herrens återkomst måste du försöka leva efter Guds Ord och kämpa den goda kampen. Aposteln Paulus gladde sig alltid trots att han led så mycket i det att han spred evangeliet. Därför behöver vi också helga våra hjärtan och göra våra uppgifter mer än vad som förväntas av oss för att behaga Gud så att vi kan dela sann kärlek för evigt och vara nära Guds tron.

"Min Herre,
som kommer
i moln av härlighet,
jag längtar efter den dagen
då Du kommer att omfamna mig!
Vid Din härlighets tron
Kommer vi för evigt dela kärleken
som vi inte kunde dela på jorden,
och komma ihåg det förgångna tillsammans.
Oh! Jag vill gå till himmelriket
med dans
när Herren kallar mig!
Oh, himmelska rike!"

Författaren:
Dr Jaerock Lee

Dr. Jaerock Lee föddes 1943 i Muan, Jeonnamprovinsen, Republiken Korea. I tjugoåren led Dr. Lee av olika slags obotliga sjukdomar under sju år och inväntade döden utan hopp om tillfrisknande. En dag våren 1974 leddes han emellertid till en kyrka av hans syster och när han böjde knä för att be botade den levande Guden honom omedelbart från alla hans sjukdomar.

Från den stund då Dr. Lee mötte den levande Guden genom denna underbara upplevelse har han uppriktigt älskat Gud av hela sitt hjärta och 1978 fick han kallelsen av Gud att bli Hans tjänare. Han bad ivrigt och innerligt så att han skulle komma att förstå Guds vilja och helt och fullt kunna utföra den och lyda alla Guds Ord. År 1982 grundade han Manmin Centralkyrkan i Seoul, Korea och ett oräkneligt antal Guds verk, inklusive mirakulösa helanden och underverk har skett i hans församling.

År 1986 blev Dr. Lee ordinerad som pastor vid "Annual Assembly of Jesus' Sungkyul Church of Korea", och 1990, fyra år senare, började hans predikningar sändas över radio och TV i Australien, Ryssland, Filippinerna och många andra länder genom Far East Broadcasting Company, Asia Broadcast Station, och Washington Christian Radio System.

Tre år senare, 1993, valdes Manmin Centralkyrkan till en av de 50 främsta församlingarna i världen av amerikanska tidskriften *Christian World* och han mottog ett hedersdoktorat i teologi vid universitetet Christian Faith College, Florida, USA, och 1996 mottog han en Fil. Dr i pastorsämbete från Kingsway Theological Seminary, Iowa, USA.

Sedan 1993 har Dr. Lee haft en ledande roll i världsmissionen genom många internationella kampanjer i Los Angeles, Baltimore och New York

i USA, Tanzania, Argentina, Uganda, Japan, Pakistan, Kenya, Filippinerna, Honduras, Indien, Ryssland, Tyskland Peru, Demokratiska Republiken Kongo, Israel och Estland. År 2002 blev han på grund av sitt arbete med internationella kampanjer kallad "global pastor" av stora kristna tidningar i Korea.

Per april 2017 är Manmin Centralkyrkan en församling med mer än 120,000 medlemmar. Det finns 11,000 inrikes och utrikes församlingsutposter över hela jorden, och hittills har mer än 102 missionärer sänts ut till 23 länder, inklusive USA, Ryssland, Tyskland, Kanada, Japan, Kina, Frankrike, Indien, Kenya och många, många fler.

Fram till datumet för denna publikationen har Dr. Lee skrivit 107 böcker, inklusive bästsäljare som *En Smak av Evigt Liv Före Döden, Mitt Liv Min Tro I & II, Budskapet om Korset, Måttet av Tro, Himlen I & II, Helvetet, Vakna Israel,* och *Guds Kraft.* Hans verkar har översatts till mer än 76 språk.

Hans kristna krönikor finns i tidningarna *The Hankook Ilbo, The JoongAng Daily, The Chosun Ilbo, The Dong-A Ilbo, The Hankyoreh Shinmun, The Seoul Shinmun, The Kyunghyang Shinmun, The Korea Economic Daily, The Korea Herald, The Shisa New* och *The Christian Press.*

Dr. Lee är för närvarande grundare och ledare för ett antal missionsorganisationer och sammanslutningar såsom ordförande i The United Holiness Church of Jesus Christ; Grundare & Styrelseordförande av Global Christian Network (GCN); Grundare Styrelseordförande för World Christian Doctors Network (WCDN); och Grundare & Styrelseordförande för Manmin International Seminary (MIS).

Andra kraftfulla böcker av samme författare

Himlen I

En detaljerad bild över den härliga boendemiljön som de himmelska medborgarna njuter av och underbar beskrivning av de olika nivåerna i de himmelska herradömen.

Budskapet om Korset

Ett kraftfullt budskap som ger ett uppvaknande till människor som är andligt sovande! I denna bok finner du orsaken till att Jesus är den ende Frälsaren och Guds sanna kärlek.

Helvetet

Ett allvarligt budskap till hela mänskligheten från Gud som inte vill att en enda själ ska hamna i helvetets djup! Du kommer upptäcka sådant som aldrig tidigare uppenbarats om den grymma verkligheten i Nedre Hades och helvetet.

Ande, Själ och Kropp I & II

En guidebok som ger oss andlig insikt om ande, själ och kropp och hjälper oss att ta reda på vilket slags "jag" vi har, så att vi kan få kraft att besegra mörkret och bli en andlig person.

Måttet av Tro

Vilka slags himmelska boplatser, kronor och belöningar är förberedda för dig i himlen? Denna bok ger visdom och vägledning och hjälper dig att mäta din tro och kultivera den till att bli den bästa och mognaste tron.

Vakna Israel

Varför har Gud vakat över Israel ända från denna världens begynnelse till denna dag? Vad har Han i sin omsorg förberett för Israel i de sista dagarna, för dem som väntar på Messias?

Mitt Liv, Min Tro I & II

En ytterst dyrbar andlig väldoft utvunnen från livet som blomstrar med en oförliknelig kärlek till Gud, mitt i de mörka vågorna, kalla ok och djupaste förtvivlan.

Guds Kraft

Denna måste-läsa-bok är en viktig guide genom vilken man kan erhålla sann tro och uppleva Guds underfulla kraft.

www.urimbooks.com

www.ingramcontent.com/pod-product-compliance
Lightning Source LLC
LaVergne TN
LVHW041801060526
838201LV00046B/1084